赵哲 著

任势者与跟风者

——私募机构股市投资盈利模式

Investors:
Proactive & Reactive

经济管理出版社
ECONOMY & MANAGEMENT PUBLISHING HOUSE

图书在版编目（CIP）数据

任势者与跟风者/赵哲著. —北京：经济管理出版社，2016.6
ISBN 978-7-5096-4343-3

Ⅰ.①任… Ⅱ.①赵… Ⅲ.①证券投资—研究—中国 Ⅳ.①F832.51

中国版本图书馆 CIP 数据核字（2016）第 074905 号

组稿编辑：陈　力
责任编辑：杨国强　张瑞军
责任印制：司东翔
责任校对：超　凡

出版发行：经济管理出版社
　　　　　（北京市海淀区北蜂窝 8 号中雅大厦 A 座 11 层　100038）
网　　址：www. E-mp. com. cn
电　　话：（010）51915602
印　　刷：三河市延风印装有限公司
经　　销：新华书店
开　　本：710mm×1000mm/16
印　　张：10.75
字　　数：116 千字
版　　次：2016 年 6 月第 1 版　2016 年 6 月第 1 次印刷
书　　号：ISBN 978-7-5096-4343-3
定　　价：48.00 元

前言

这是一本写给私募机构投资者的书!

这是一本写给股市技术波段者的书!

这是一本写给股市跟风者的书!

面对充满风险的股市,任何参与者都必须清楚自己在股市中的角色以及股市中的定位! 开篇第一章《证券市场投资者与投资策略》是全书的引子,它用清晰简明的数据,对不同投资者的投资策略选择做了梳理和建议。在目前中国股市大起大落市场背景下,包括未来相当长的时间里,私募机构二级市场成功投资,只能选择股市的任势者或成为趋势的推动者!

《孙子·势篇》:"故善战者,求之于势,不责于人,故能择人而任势。"任势者之谓,即指能够利用各种有利的态势或事物发展变化趋势者。本书的第二章《股票市场的任势者》详述了实力机构二级市场战略操盘原理,其中的"借形以守"、"用形任势"、"示形以攻"等思想精髓是笔者作为私募基金经理长期机构投资经验的浓缩,无论是运作大资金用形任势,还是作为个人投资者跟随主力做趋势推动者，都创造了经典且堪称辉煌的实战案例。

实力机构重于市场投研和投资战略，而大量中小私募机构和较大资金规模的个人投资者，更倾向于对市场趋势和时机的把握。2015年11月，在本书的写作过程中，也是市场惨烈的下跌中，笔者布局了跟踪很久的"庄股"万科，当气贯长虹般的上涨出现，整个资本市场震动，媒体更是长篇累牍地渲染。真正的交易者不是市场的看客，而是独步市场的王者！也正是一个个精准、精彩的投资案例，被私募圈冠以"跟庄之王"称号。第三章《股票市场趋势的推动者》中，借助哲学思维推导定义了趋势位置和趋势结构及趋势调整，其理论的系统性和思维高度能为趋势投资者提供强大的技术支持。一个机构操盘者或实力个人投资者，如果不能深得趋势之法，运用趋势到炉火纯青的地步，根本不可能在中国A股大涨大跌而脱离基本面的阶段情况下，做到有效控制风险、稳健取得可以预期的收益。

如果说跟随主力快速获利是奇，那么准确把握市场技术性波段机会就是正，战势不过奇正！K量分析、形态分析、趋势分析及多空时机分析是技术波段者的理论基础，也是一个成功投资者的必由之路。第四章《时势分析基本原理》简单清晰地解决了股市中的"选股"与"选时"，所以真正投资理论不是复杂，更不需要长篇大论，而是简单、直观与可操作性！

20年的投资生涯，笔者从来不相信股市里的"股神"！笔者崇敬那些历经市场牛熊无论在任何恶劣环境下，依然能控制风险并稳定的盈利者。因为他们已经独立思考，已经建立起属于自己的交易模型，无论该模型还有多少缺陷和漏洞，他们已经是成熟的投资者，而不是盲目的跟风者！第五章《煮酒英雄论》语言简洁却包含了大量的原理性的信息内容，它是市场交易模型的理论基础，笔者真的希望我们"英雄所见略同"！

20 年于股市"沾巾堕睫，沥胆披肝"，当你站在市场的高峰已是天命之年。人生"惟谦有终"，笔者早已有归隐打算，今春回到家乡，2014 年种下的杨柳在细雨里依依婀娜，一派水墨江南映象！感谢经济管理出版社把笔者的交易思想留给这个市场以励后学，也感谢笔者的两位学生王建军和韩昆，天资聪慧又勤学刻苦以继师承！

赵哲

2016 年 5 月 11 日

目 录

第一章
证券市场投资者与投资策略

孙子曰：
　　兵者，国之大事，死生之地，存亡之道，不可不察也。

一、证券市场投资者结构

我国证券市场投资者构成，按投资主体可分为：个人投资者和机构投资者。

（一）个人投资者

个人投资者是指以自然人身份进入证券市场从事各种有价证券买卖的投资者。一般股民是指个人投资者，根据个人投资者投资资金规模分为散户、中户、大户或超级大户。

一般而言，个人投资规模小，缺少足够的投资经验和专业的投资分析能力，对市场投资的依据和判断主要来源于一些媒体、股评，甚至市场传闻。这部分个人投资者属于市场涨跌的跟风者。

个人投资规模较大，有长期投资经历和经验，有自己独立投资分析能力，能较好地把握市场机会，这类投资者基本属于中户、大户。有些个人投资者资金规模达到甚至超过机构投资者的资产规模。有着对市场独立的判断，其资金管理能力很强，虽然是以个人投资者身份出现，但其背后有着历经市场实战的投资团队。2014年以前，私募投资还没有阳光化，这类投资者往往具有私募性质。他们投资方法独特，并能借助资金优势一定程度上影响个股股价，甚至操纵个股价格达到盈利目的，这也是市场所传闻的庄家行为。这类行为在2000年以前比较盛行，但是随着目前监管手段提高，他们很少再像以前一样赤裸裸地操纵股价，而是以更为灵活的投资手法游走在投资与投机的边缘。

截至2016年2月底，深圳A股个人投资者开户总数172.1852340万户；截至2016年1月底，上海A股个人投资者开户总数为231.5530万户。

（二）机构投资者

从广义上讲，机构投资者是指利用自有资金或通过合法渠道筹集资金，直接或间接借助各种金融工具，在证券市场进行证券交易活动的非个人化机构，一般具有法人资格。证券公司、基金管理公司、投资公司、阳光私募类资产管理公司、保险公司、各种福利基金、养老基金等，都是具有法人资格的机构投资者。

机构投资者主要有：

1. 证券投资基金

证券投资基金是指通过发售基金份额，将众多投资资金集中起来形成独立资产，由基金托管人托管，基金管理人管理，以投资组合的方式进行证券投资的一种利益共享、风险共担的集合投资方式。根据发行和资金募集方式，又分为公募基金和私募基金。

截至 2016 年 1 月底，我国公募基金管理公司 101 家，管理公募基金资产 7.25 万亿元。其中股票型基金 595 只，基金份额 5988.13 亿份，基金净值 7657.13 亿元。

截至 2016 年 1 月底，基金业协会登记私募基金管理人 25841 家，已备案正在运行的私募基金 25461 只，认缴规模 5.34 万亿元，实缴规模 4.29 万亿元。其中证券私募管理人 11291 家，管理私募基金数量 15524 只，基金认缴规模 18466 亿元。

2. 证券公司

证券公司是依照《中华人民共和国公司法》设立并经国务院证券监督管理机构审查批准成立，具有法人地位的金融机构。主要进行证券经纪、证券自营、证券承销等。综合类证券公司可以发行、管理公募基金，融资、融券，以及其他资管业务。

据统计，截至 2015 年 9 月 30 日，124 家证券公司总资产为 6.71 万亿元，净资产为 1.35 万亿元，净资本为 1.16 万亿元，客户交易结算资金余额 2.32 万亿元，托管证券市值 27.10 万亿元，受托管理资金本金总额为 10.97 万亿元。

3. 保险公司

保险类机构：社保基金、保险公司、保险经纪公司、保险中介公司以及保险公司控股的投资、信托、资产管理公司都可统称为保险类金融机构。保险资金是货币市场和资本市场的重要资金来源。保险基金、养老基金强调收益的稳定性和安全性，其对避险工具的大量需求是稳定证券市场的重要力量。同时也是推动金融创新的原动力，金融创新和衍生交易的活跃，提高了市场的流动性和金融资产的定价效率。

截至 2016 年 1 月底，保险公司总资产 126277.20 亿元，净资产 14964.32 亿元。

资金运用余额 113586.6 亿元。银行存款 25041.2 亿元，占比 22.05%；债券 39199.06 亿元，占比 34.51%；股票和证券投资基金 15461.86 亿元，占比 13.61%；其他投资 33884.48 亿元，占比 29.83%。

4. 各类企业法人
5. 合格境外机构投资者（QFII）等

二、 不同投资者对投资策略的选择

（一）保险类基金、公募基金——价值的守望者

保险资金管理对安全性、稳定性与流动性要求最高，固定收

益类投资占绝大部分，权益类投资占比较少。下面是保险资金2015 年运用市场情况。

截至 2015 年末, 保险公司总资产 123597.76 亿元，净资产16089.70 亿元。

保险资金运用余额为 111795.49 亿元。银行存款 24349.67 亿元，占比 21.78%；债券 38446.42 亿元，占比 34.39%；股票和证券投资基金 16968.99 亿元，占比 15.18%；其他投资 32030.41 亿元，占比 28.65%。从配置结构上看，固定收益类资产继续保持主导地位。

2015 年保险资金运用实现投资收益情况，还没有新的公开数据，投资收益我们依然采用了中国保险监督管理委员会《2015 年中国保险市场年报（中文)》中的历年收益数据。

从投资收益看，2014 年保险资金运用实现投资收益 5358.8亿元，财务收益率为 6.3%（见图 1-1）。

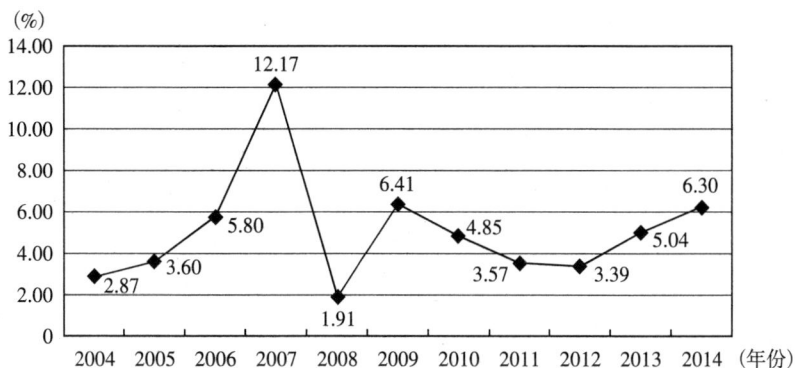

图 1-1　2004~2014 年保险资金运用收益率

图 1-1 显示的是 2004~2014 年保险资金运用收益率变化。从大的波动情况看，几乎复制了股市上证指数的走势。保险资金的

收益率与股市的波动呈现高度的正相关性。

从以上保险资金的配置结构和十年的保险资金运用收益率两个方面数据分析，可以分析保险资金投资策略和投资的重要原则：

（1）固定收益类占主导地位，以保证资金的投资安全。

（2）保险资金运用收益率的波动与股市上证指数高度正相关。说明权益类收益是影响保险资金收益高低的主要因素。权益类的投资策略为目前公募基金投资中常用的分散投资组合、有效市场理论，是一种被动投资策略。

（3）出于对流动性的考虑，大蓝筹是保险资金权益类配置的重要资产。

公募基金发展的基本情况。经历 10 多年发展，截至 2015 年 12 月底，我国境内共有基金管理公司 101 家，其中中外合资公司 45 家，内资公司 56 家；取得公募基金管理资格的证券公司或证券公司资管子公司共 10 家，保险资管公司 1 家。以上机构管理的公募基金资产合计 8.4 万亿元。

根据中国证券投资基金业协会出版的《中国证券投资基金年报 2013》提供的图 1-2、图 1-3、图 1-4 三张图表数据，非常清楚地看到各类基金发展的脉络。

分析图 1-2、图 1-3 和图 1-4 我们可以得出以下结论：

（1）股票型基金的成立数量，从 2003 年开始逐年递增，到 2011 年达到高峰后开始逐年递减。

（2）股票型基金规模，在 2006 年和 2007 年大牛市中出现倍增式发展，包括 2009 年的反弹行情下，股票型基金规模都处在高位。与其对应的是 2006 年、2007 年的上涨行情和 2009 年的反

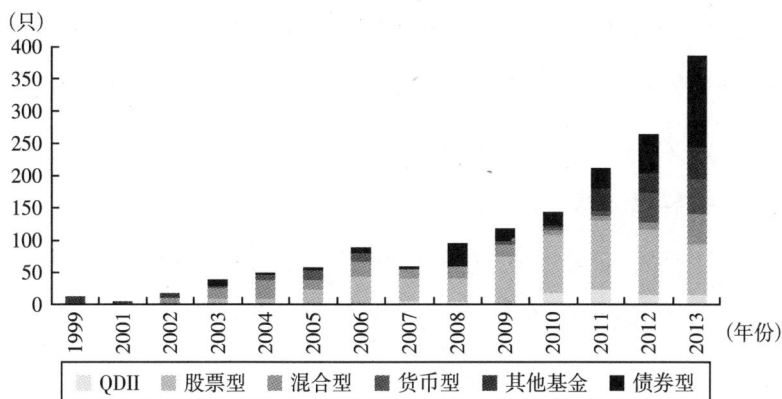

图1-2　各类型基金成立数量（1999~2013年）

注：2000年暂缺，余同。

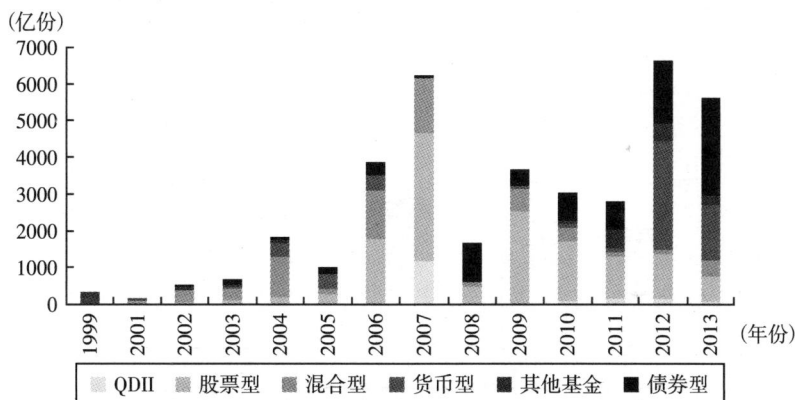

图1-3　新成立基金规模情况（1999~2013年）

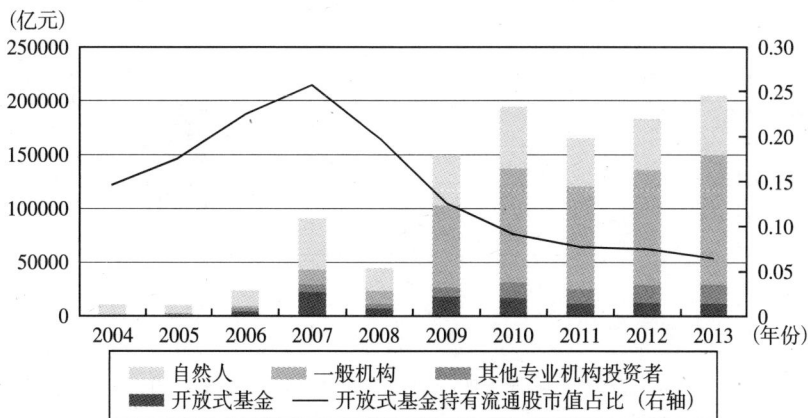

图1-4　各类投资者持有A股流通市值情况（2004~2013年）

弹行情，恰恰是基金所主导的资源和大蓝筹股票的行情。随着股票型基金规模的下降，2007年后开放式基金持有流通股市值占比逐年下降，大盘蓝筹股票鲜有表现，说明中国股市是一个资金推动型机构引导的市场。

（3）股票型基金在市场上影响力不断弱化的同时，债券型和货币型基金出现快速的发展。基金发展趋势和基金管理策略，体现出对保本与稳定收益的强烈需求。

根据中国证券基金业协会公开数据，我们制作了最新的图1-5、图1-6。

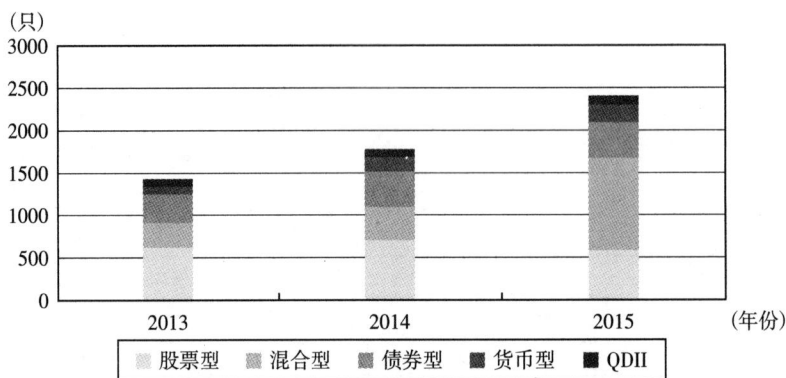

图1-5　2013~2015年各类型基金成立数量

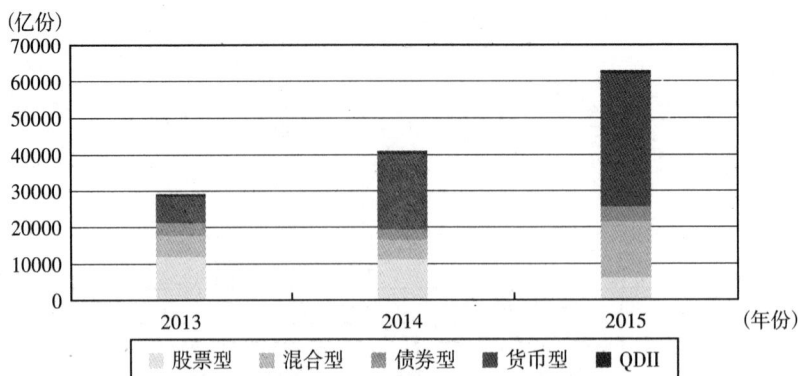

图1-6　2013~2015年新成立基金规模情况

从图 1-5、图 1-6 的最新数据分析，货币型基金规模仍在不断扩大。即使在 2015 年上半年的牛市中，股票型基金依然呈现规模减小趋势，基金对于股票二级市场的影响力逐渐弱化。截至 2016 年 1 月底，根据中国证券基金业协会数据，证券基金数量共 2764 只，基金总份额 70970.29 亿份。股票型基金 596 只，基金份额 5979.36 亿份，股票型基金份额与基金总份额相比，占比仅仅为 8.4%。

我们再分析一下这不到 10% 的股票型基金的管理情况。在《中国证券投资基金年报 2013》中，计算了 2007~2013 年主动管理型基金和沪深 300 指数 5 年滚动年化收益率，见图 1-7。

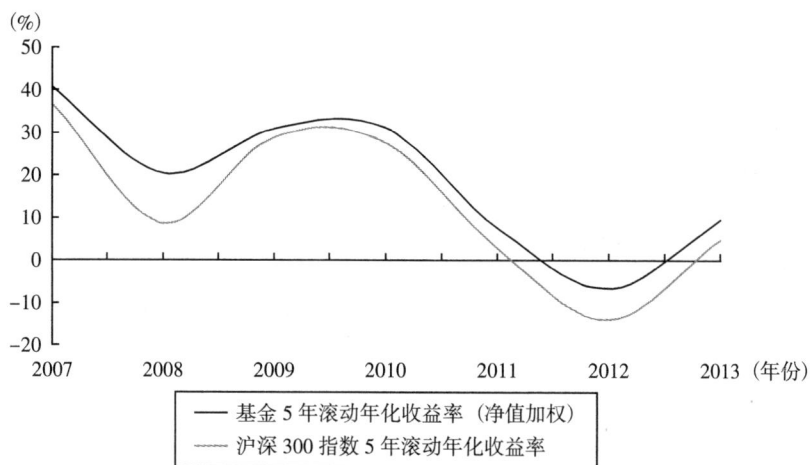

图 1-7 主动管理型股票型基金和沪深 300 指数 5 年滚动年化收益率（2007~2013 年）

从图 1-7 中可以看出，主动管理型股票型基金收益除了在市场指数下跌的谷底较为平滑外，几乎是复制了指数走势。由此看出，基金机构在股票市场的投资，基本是以坚持价值投资、行业布局、分散投资以及有效市场为投资策略。

(二) 私募基金——股市的任势者与趋势的推动者

私募基金（非公开募集证券投资基金）包括：基金管理公司管理的非公开募集资产、基金管理公司子公司管理的特定客户资产管理计划、由独立机构管理的私募证券投资基金以及其他资产管理机构（证券公司、保险公司、银行等）管理的非公开募集证券投资计划。

私募基金分为私募证券投资基金、私募股权投资基金、私募创投基金及其他基金。股票市场所讲的私募基金主要指私募证券投资基金，股票二级市场是私募证券投资基金的重要投资方向。

2014 年 1 月 17 日，中国证券投资基金业协会发布了《私募投资基金管理人登记和基金备案办法（试行）》，私募基金由此开始了阳光化运作，同时也促进了私募基金的快速发展。截至 2015 年底，基金业协会登记私募基金管理人 25005 家，已经备案私募基金 24054 只，其中私募证券基金管理人 10965 家，管理私募证券基金 14553 只，见图 1-8。

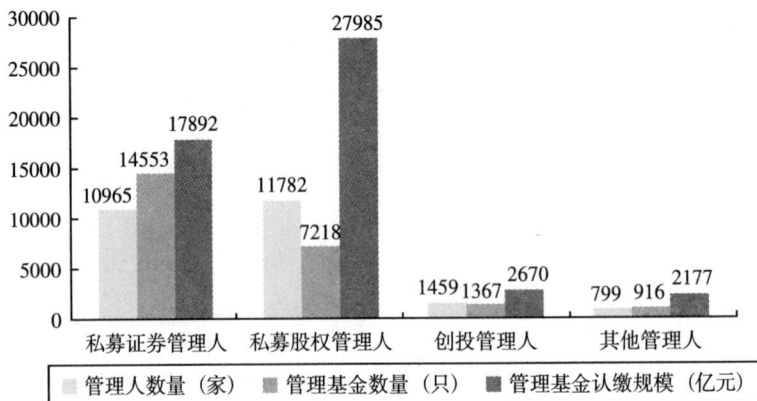

图 1-8　2015 年底私募基金管理人登记情况

在私募基金中，券商、公募基金管理公司及子公司、保险公司特定客户资产管理计划和非公开募集证券投资计划，基本是公募基金投研团队和基金经理。其投资管理风格几乎和公募基金同质化，在此不再赘述。那些有着长期股市投资经验，有自己完善独特的投资理念和投资手段的私募基金，才是我们论述的重点，他们是股市的任势者和趋势的推动者。

私募基金与公募基金的区别：

（1）发行渠道不同。私募基金是对特定对象发行，不能公开募集，所以私募基金经理的投资风格和过往投资业绩是投资人决策的最重要依据。

（2）规模不同。单只私募基金相比公募基金规模要小，所以在投资策略上，不可能对指数进行复制，做分散的被动投资。

（3）私募基金面对的主要是高净值人群，客户有一定风险承受能力并且收益预期较高。

（4）私募基金为追求较高的收益，必然对波动风险进行控制，这决定了私募基金在投资策略的选择上是主动管理的趋势投资策略。

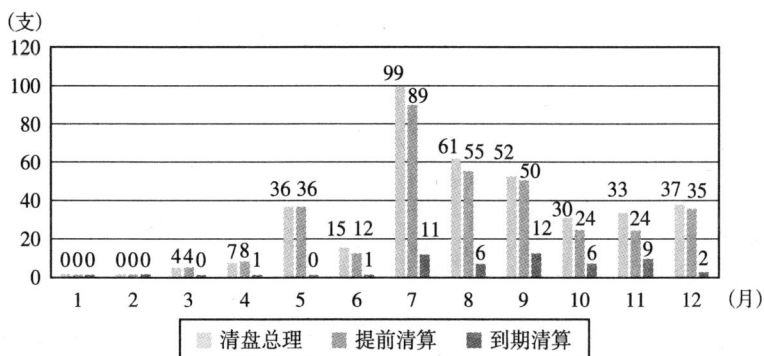

图1-9 2015年新发行的中国私募证券基金清算情况

图 1-9 是 2015 年新发私募证券基金的清算情况，新发基金清算最多的时间集中在 2015 年的 7~9 月，绝大部分都是未有到期清算。2015 年的 7~9 月正是股市暴跌的时间，出于对风险的控制或一些基金净值跌破基金合同约定值而被迫清盘。

（5）私募基金投资人较高的投资收益预期，要求私募基金管理人在投资过程中不仅对行业有深度研究，更注重对投资时机的把握。衡量私募基金管理人的能力是绝对收益，而不是公募基金长期投资针对指数的相对收益。

（6）中国股市特有的大起大落和明显的牛熊特征，决定了私募基金必须选择主动的趋势投资策略。

（三）个人投资者——股市上涨的跟风者

在投资者结构中，中国 A 股市场是一个以个人投资者占绝对数量的市场，散户化特征非常明显。根据中国证券登记结算有限责任公司数据，截至 2015 年底开立 A 股账户的期末个人投资者 9814.12 万户，开立 A 股账户的期末机构投资者 26.06 万户。个人投资者数量占比 99.73%，机构投资者数量占比 0.26%。

个人投资者的开户意愿受市场环境影响较大，大多数投资者都是在市场的牛市开户入市的。

图 1-10 是 2000~2014 年每年新开的 A 股账户数。从图 1-10 中可以看到，2007 年受当时股市上涨的影响，A 股个人投资者新开户数量为历史最高。

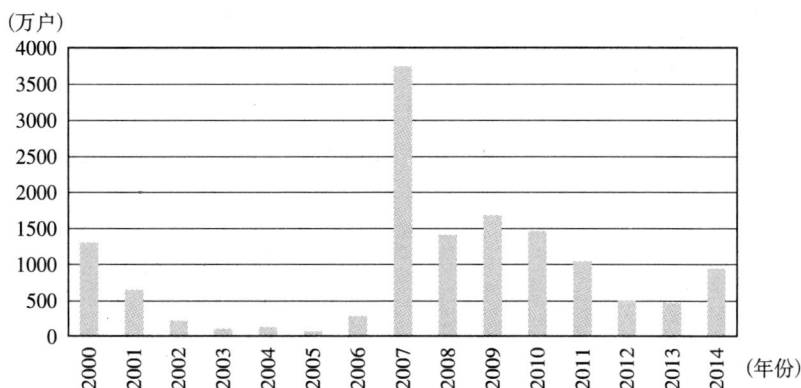

图1-10 2000~2014年每年新开账户数

以上是从较长时间的角度观察，2014年下半年股市再次出现凌厉的上涨，上证指数在2015年6月创下5178.19的新高后断崖式下跌。

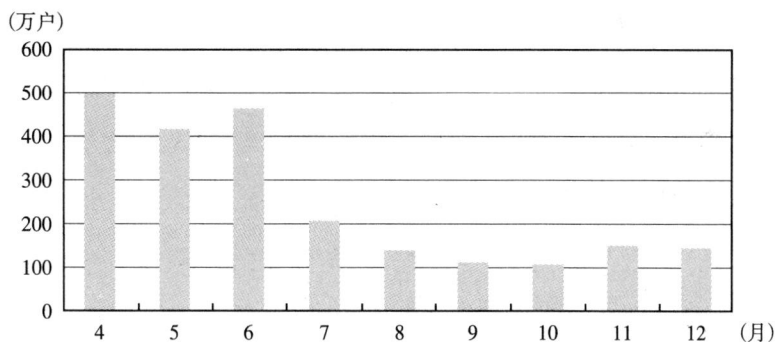

图1-11 2015年4~12月新开户情况

图1-11是2015年每月A股新开户情况，在市场上涨过程中，新开户人数居高不下，随着指数2015年6月中旬的暴跌，新开户人数急剧减少。

个人投资者偏重于二级市场的股价波动带来的价差收益，在市场上涨过程中交易量和持仓量较高，一旦市场下跌，多数人选择离场，属于典型的跟风市场特点。

持仓投资者（万个）
上证指数

持仓投资者占期末
投资者比重（%）

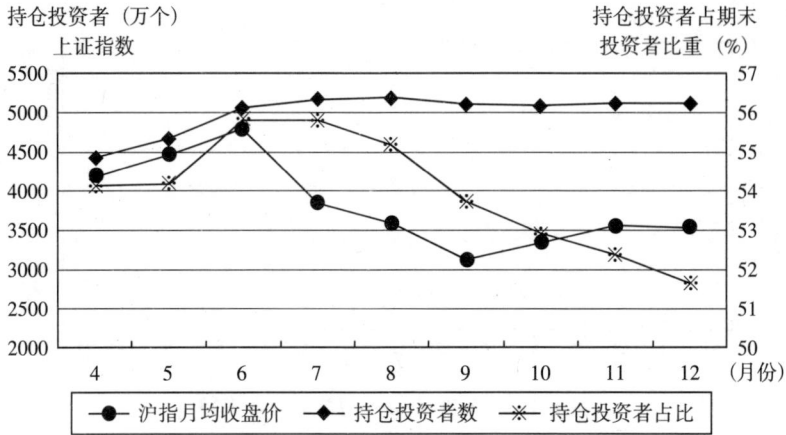

图 1-12　2015 年 4~12 月持仓情况

个人投资者人数占据绝对优势，但在持股市值上呈现小而散的特点。如表 1-1 所示。

表 1-1　2015 年期末市值分析情况

期末已上市的 A 股流通市值（元）	自然人		机构		合计	
	投资者数	比重（%）	投资者数	比重（%）	投资者数	比重（%）
1 万以上	11612075	23.15	4026	6.15	11616101	23.12
1 万~10 万	24323556	48.48	8028	12.26	24331584	48.44
10 万~50 万	10860279	21.65	10806	16.50	10871085	21.64
50 万~100 万	1881845	3.75	5752	8.78	1887597	3.76
100 万~500 万	1315609	2.62	11864	18.11	1327473	2.64
500 万~1000 万	109951	0.22	4389	6.70	114340	0.23
1000 万~1 亿元	60207	0.12	11711	17.88	71918	0.14
1 亿以上	4417	0.01	8931	13.63	13348	0.03
合计	50167939	100.00	65507	100.00	50233446	100.00

在个人投资者中，持有 50 万元以内市值者占个人投资者持有市值者的 93.28%。由以上分析可以看出，中国 A 股市场个人投资者：

（1）开户数量众多；

（2）个人账户规模较小，持有流通市值小而分散；

（3）开户与投资受市场环境影响较大，普遍呈现一种跟随跟风态势。

中国股市作为新兴市场受政策影响较大，股市的定位不够准确，法律法规不够健全，上市公司投资分红得不到落实，普通投资者合法权益得不到有效保护等，这些都导致中国股市以资金推动为本质，大起大落的市场现象和特点。构成市场基础之一的投资者与投资者的投资策略，强化了这一本质和现象！反过来，一个大起大落、缺少投资回报的市场，又决定了投资者以把握时机、获取短期收益为交易手段的投资行为。

多年过去了，中国股市还徘徊在 3000 点左右！2016 年初，肖刚满头白发，带着满腹的遗憾离开了证监会，继任者是刘士余先生。股民对刘主席寄予了厚望，亲切称刘士余为"牛市余"！但愿上天佑我泱泱股民！中国股市牛市有余（多）！中国股民牛市有余（收益）！

第二章

股票市场的
任势者

孙子曰：

　　故善战者，求之于势，不责于人，故能择人而任势。

一、庄股时代的"辉煌"——主力控盘
操作个股经典案例

1990 年 11~12 月，上海、深圳证券交易所先后成立，到 1999 年经过近 10 年的发展，两市已经有近 500 只股票在交易，股票市场的发展也培育了第一代投资人。1999 年 5 月 19 日掀起了以科技网络为炒作概念的牛市开端，吸引了更多机构资金或个人较大资金参与。

当时的股票较少，个股流通盘也小，在这种市场背景下，实力个人和机构采取坐庄控盘方式操作个股，是当时普遍流行的做法。这种联合上市公司操纵股价，并以散户为交易对手的做盘方法，现在看来是一种违规、违法行为，作为目前机构投资来说，是绝对禁止的一条法律红线。

我们这里把一些主力控盘操作个股的案例拿来分析，研究其对市场的理解及在当时复杂的市场背景下，如何通过量、价、图表做到借机任势，对于我们今天的机构投资者来说，仍有一定的启迪和借鉴。

价格配合成交量能，出现目的性较强的波动，是主力资金操盘的直接表现。这种主力控盘个股有着区别于其他个股的几个特点：

（1）在阶段区域K线形态意义中，有明显大资金吸筹意图；

（2）主力在推升股价前刻意砸盘打压，清洗浮动筹码的形态意义；

（3）特定阶段有主力锁仓或高度控盘的明显量能表现。

控盘庄股不同于其他个股走势，庄家炒作特定题材，有明显的时间制约，其在介入开始，操作手法上便有明显计划性。

主力介入目标个股后，其股价走势有顺随大势的一面。在大盘指数下跌中，股价也出现相应的下跌走势，在大势上涨时也出现股价的上涨，但放在较长一点时间的阶段性走势看，更多地表现出对市场波动、对市场投资心理和投资行为的反向利用和理解，表现出K线形态中不符合市场思维习惯的一面。

形态走势在吸筹阶段，经常出现突然拉高的大阳线，而在市场根本没有明白过来的时候，又出现跳空低开的大阴线。经常出现反叛线和归顺线，造成股价剧烈的震荡，让持股者因看不清后市，或无法忍受剧烈震荡所带来市值的波动而被迫离场。

同样在吸筹、打压、洗盘、拉抬、出货等每一个控盘阶段的过程中，都会体现出主力的独具匠心和计划性。

虽然，各自控盘个股有着各自的走势形态特点，但在价格波动及量能变化上，所显示的市场意义却是共同的。

本节把控盘个股的走势形态进行列举和分析，是让我们看到当时机构做盘的一些思路，也是对机构在目前投资过程中如何做到合规投资给予一定的借鉴。

更为重要的意义在于，通过对目前市场大量机构重仓个股进行跟踪，我们发现在目前市场之下，由于股票流通盘相对稳定，机构大资金合规介入后，个股形态走势同样会表现出庄股量价的形态意义。

通过对这些特点准确挖掘，跟踪机构主力资金运作动向，分析机构主力运作阶段意义，才能选择适当时机参与。这对于一些规模较小的私募机构，以趋势投资为策略，跟随实力机构节奏进行布局，是一条非常重要的投资途径。在后面趋势章节，专门再论述。

下面我们详细阐述八种主力控盘模式。

（一）第一种控盘模式

主力突然推高建仓，维持股价在一定波动范围剧烈震荡进行吸筹，顺势打压洗盘，采取 V 形反转，快速突破，拉升股价。

控盘原理与股价形态意图：

（1）股价长期低迷相对低位，主力突然介入，连续放量推高股价。

（2）连续推高大阳线后，突然出现反叛线，把追涨跟风资金套在高位。

（3）剧烈震荡中，股价再次接近第一次震荡高点，让前期被套资金在接近成本附近出局。然后又在主力控制下，股价出现反叛下跌，使前高位置未出局者信心大受打击，在多种市场技术心理作用下，筹码出现极度松动。

（4）当股价第三次接近前期高点时，几乎所有前期被套的跟风者都会选择出局观望，从而有效利用失而复得的投资心理以及重复纠错的投资心理，达到主力机构强行收集的目的。

（5）随后主力庄家再次打压股价，对中期和长期持股者进行持股心理考验，迫使不坚定者出局，让坚定者形成死多头心理。为拉升股价创造有利条件。

（6）几乎在所有控盘的庄股中，都会表现拉升初期，筹码高度稳定这一共性。

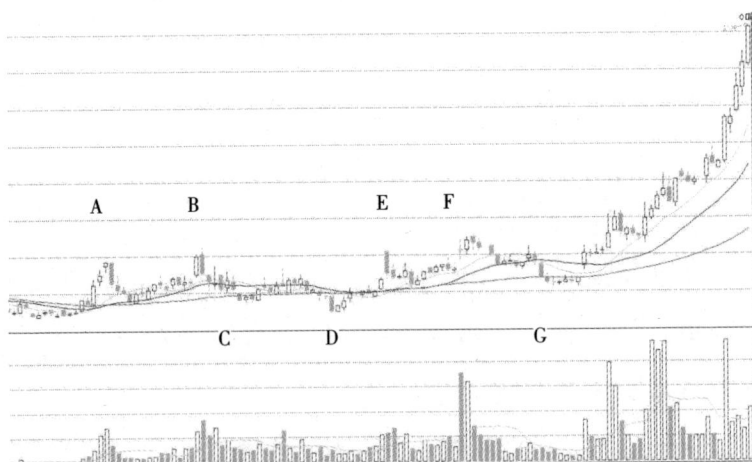

图 2-1　实例一

实例分析：图 2-1 中，A 处大阳线后，不断出现跳空高开，由此可以看出，当时市场背景极好，股民追涨意愿非常强。在第二个跳空高开中，量能进一步放大的特征，显示短线获利盘不断增加。主力借势打压，造成股价在高位出现具有震慑效果的反叛线。在随后几天下跌中，一是阴线很小，二是量能快速萎缩，股民惜售。这就决定了主力在未来吸纳增持筹码中，必须有效地利用形态技巧，不断强化持股者和持币者不能追高的思维定式。

在前高 B 处，大阳后再次出现大阴线，有效重复了不能追涨的思维定式。在 C 处和 D 处刻意击穿均线，给予高位没有出局者强大心理压力。

随后 E、F 处，主力巨幅高开向下，大幅星线震荡。巧妙地对前期心理定式做出有效呼应，在此思维定式下，场内大部分筹码被快速收集到主力手中。当主力拉升前在 G 处打压洗盘的时候，可见筹码多么集中！多么稳定！

（二）第二种控盘模式

放量震荡走出波段形态的上升通道，砸盘破位，缩量做底，快速拉升股价。

控盘原理与股价形态意图：

（1）与第一种控盘主力明显不同的是，这种主力控盘手法多是在市场良好的背景下，主力收集目的比较明确，选择的增持手法是让小波段低位持股者获利出局，主力对股价的控制和收集不急切，主力机构在顺势条件下逐步增持。（对比发现，第一种主力收集手法比较急迫，而这种区间控制股价常用于前期主力已经大幅建仓后的增持和低位的再次收集。)

（2）震荡推高这种收集手法，体现主力控盘期间对市场系统性风险的提前考虑。波段震荡上行，主力在这个过程中进行高抛低吸，有效降低持仓成本，并让股价进一步换手。这样就能做到，当不可预见的市场系统性风险出现时，主力能全身而退。

（3）主力采取缓慢推高股价的方式建仓，随着建仓的结束，主力借助市场下跌契机，打低股价形成一种切线趋势通道破坏的技术陷阱，迫使趋势投资者离场，并让股价在相对低位长时间横盘，沉淀筹码。多数的短线资金和中长线资金开始变得浮躁，被慢慢消磨出局。

（4）很多主力在做底过程中，还利用市场热点气氛等因素制造大幅冲高回落的长影线，以动摇投资者长期持股信心，意图诱导这类资金在拉升前离场。

（5）在一段低迷中，盘面会显示出筹码越来越稳定，主力大幅拉升股价时机也就不远了。

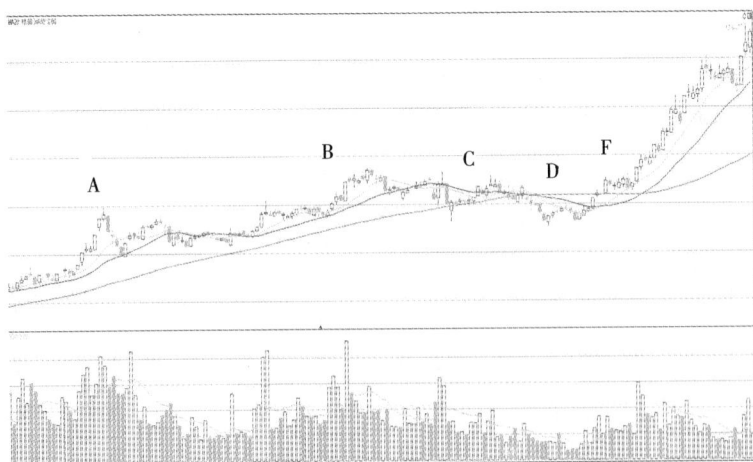

图 2-2　实例二

实例分析：图 2-2 中，主力在 A、B 处放量推高增持，当时市场为牛市背景，其在建仓中升幅较大，且 K 线形态中经常出现激烈涨停形态，也显示了主力介入的实力和决心。以此可以判断以后主力拉升中必然采取凌厉快速手法。

在 C 处主力控制股价，强制打破均线技术位置，制造形态陷阱，让股价呈现弱势形态。目的是迫使前期趋势资金离场，并以较长时间消磨场内中长线持股者。

D 处股价在指数带动下，更呈现一种随时跳水的空头态势，更是对场内持股者进一步考验。

随后股价连续阳线走高，重新回到前期高点。这个时候，已经可以清晰看到筹码高度集中的程度，可以预期主力快速拉升指日可待。当然，如果这个位置筹码稳定程度不够，主力可以再次借势大幅震荡一下，达到快速洗盘的目的。从技术上分析筹码稳定程度，主要是看对应前高位置价格和量能的变化。

这种采取放量波段推高建仓手法，一般发生在牛市过程中，市场背景较好。主力机构不可能采取低位横向箱体形态以有效压低和控制股价，往往采取顺势推高增持，并以高抛低吸手法逐步达到增持控盘的目的。

从市场运行阶段分析，则是良好市场背景下，主力引导不断换手的大三浪。均线形态则是以周线级别的趋势 5 浪完成。

（三）第三种控盘模式

缓慢震荡上升趋势，在指数高位反转向下时，主力逆势大幅增持，刻意打压，以 V 形底直接拉升。

控盘原理与股价形态意图：

（1）在行情发动之前，机构并没有大量低位建仓，而是随着行情发展，机构资金慢慢建仓，走出一个换手充分的缓慢上升趋势。

（2）由于行情预期变化，或公司基本面内在的显著变化，主力机构在相对高位利用指数下跌时机，大幅逆势增持。

（3）严格地说，从前期建仓手法看，这时的主力并不是控盘者，与其他机构一样，也是趋势推动者。

（4）在其后操盘上，主力显示了与上市公司不一般的密切关系，并借助资金优势控制股价，以达到惊人的程度。完成了一个由趋势跟随者到控盘主力的蜕变。

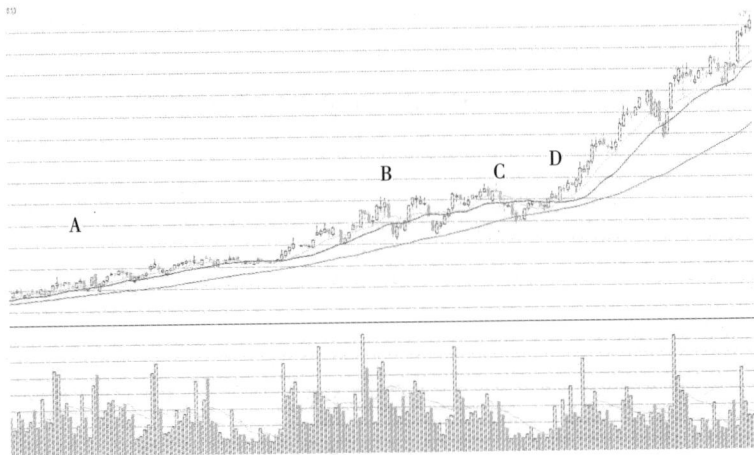

图2-3　实例三

实例分析：从图2-3的A处可以看到，良好市场背景下，机构资金不断介入，股价被缓慢推高，形成一个良好的上升趋势。

其后市场突然转向，指数出现大幅下跌，但此股却逆势放量推高，不断承接为避险出局的筹码。

这种逆势表现一样会吸引短线资金的跟风，主力在 B 处利用大幅低开而快速地打压股价，把跟风短线资金套在高位，同时也做了一个高位巨阴的示形。其后不断重复这种巨阴低开，利用这种剧烈震荡，强化对场外跟风者的心理控制。跟风者在失而复得的行为反应、经验行为和修正行为下做出错误判断而离场，控盘主力达到了快速高位增持的目的。

控盘主力在 C 处再次打压股价，以至于打破上升趋势线。一是迫使部分中长线不坚定者离场，二是也测试了通过增持后，市场筹码的稳定性。

当从盘面清晰反映出筹码稳定后，股价 D 处快速回到前高，其后的拉升已经是预期之中的事了。

（四）第四种控盘模式

持续巨量推高建仓、高位长期横盘沉淀筹码、直接拉升。

控盘原理与股价形态意图：

（1）在良好的市场背景下，机构资金采取持续推高建仓手法，在推高过程中借指数下跌，强行制造反叛线，杀出并承接散户筹码，而不给股民低位回补机会。

（2）机构完成一定规模的建仓后，并不急于拉升而给趋势投资者短期获利的机会，而是维持指数在高位长期横盘，用时间消磨持股者耐心。

（3）在横盘中，由于主力的锁仓，量能呈现递减状态，让此股渐渐从热点中消失。同时，主力利用市场波动不断制造诱多、诱空形态，加剧持股者的心理压力，其作用一是让短线者无法参与，二是培养和坚定部分长期投资者的信心。

（4）此类股票采取相对高位横盘，有两种原因：一是该股基本面非常优秀，加上良好的市场背景，如果采取打压股价进行洗盘，反而会导致更多短线资金逢低介入；二是主力建仓后后续资金不足，如果采取更为彻底的形态洗盘，将会有更多的中线筹码抛出，主力无力承接。所以，主力维持横盘以待大势机会，借助市场人气推高股价。当然，后者只是种假设，关于这点判断，需要结合当时市场背景去思考，做出客观判断。

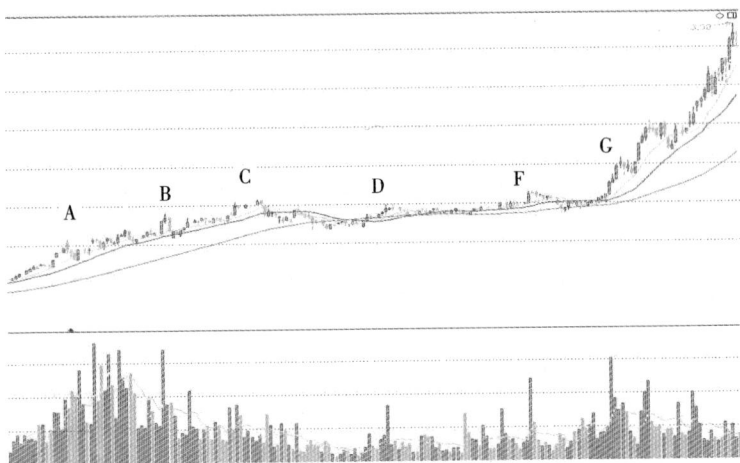

图2-4　实例四

实例分析：图2-4显示，主力机构在A处，强行制造了连续上涨之后的反叛线，杀出短线资金，引发上涨中获利盘和早期被套解套盘纷纷抛出。在机构的承接下，虽然股价没有下跌，但明显出现一种放量滞涨态势，这正是主力机构所期待的。

股价在主力机构的增持下，震荡上行，再次在B处放量创出新高。控盘主力故伎重演，快速打压股价。但是，其后在 C 处，股价即使再创新高，量能也不能再度放大了。这种现象说明，由于前期机构资金大幅增持，场外流通盘明显减少，抛盘不足，机构推高建仓目的已经完成。

也就是从 C 处开始，控盘主力开始了高位横盘沉淀筹码的过程。在长达几个月的横盘过程中，D 处出现缩量连阳穿越均线。这些显示，从筹码的稳定程度上，已经具备拉升条件，只是主力在等待一个更大时机。

股价又经过一段横盘到 F 处，横盘中主力极力淡化热点效应，但是，其吸筹后良好的介入时机还是吸引了市场上的跟庄高手。可以从细微处看到，场外资金不断地介入布局，箭在弦上不得不发了！

此时，控盘主力唯一能做的就是，最后一次利用指数下跌，顺势做一个空头陷阱，对短线跟庄资金进行最后一次打压。其后，股价轻松连阳被推高到 G 处，凌厉的主升量，在控盘主力引导及场外资金推动下如火如荼地展开！

（五）第五种控盘模式

对应前期复杂成交密集区，大幅震荡二次增持。任由股价随指数大幅下挫后构筑底部，作波段 N 形预期推升股价。

控盘原理与股价形态意图：

（1）在一个复杂大震荡走势里，主力根据市场变化，采取在前面成交密集区里，再次大幅震荡快速收集筹码，其收集时间较短，加之主力收集后股价调整明显过深。由此可以判断，主力实力不强，控盘不深或其运作目标价格不高。

（2）股价在主力介入后，出现近似 N 形结构的深幅调整，除了大势行情因素外，目标个股的基本面不被市场投资者认可。如此情况下，多数主力所预期的是未来目标个股基本面变化。

（3）按技术分析原理，股价深幅调整会带来抄底资金介入。股价在未来拉升中，面临前期高点的抛压及抄底资金获利出局的双重压力，所以在其后拉升形态中，气势不会太凌厉。

（4）由于主力吸筹不足，直接影响着主力拉升的高度。未来股价上升很多情况下，取决于大势的向好与场外资金的进场意愿，在面临市场风险的时候，主力很容易出脱筹码。

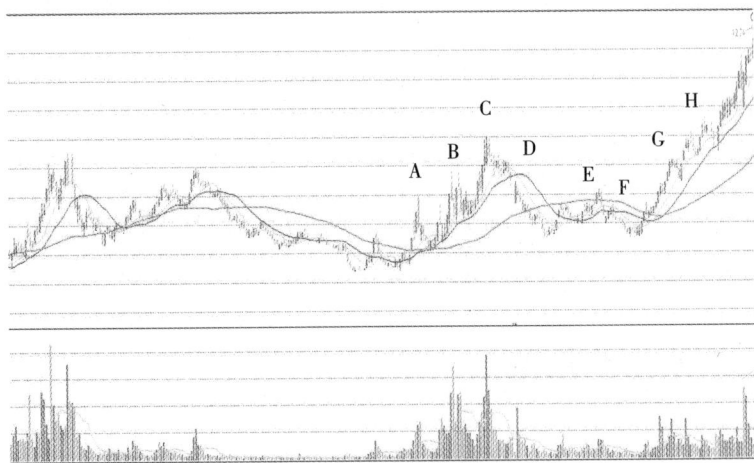

图 2-5　实例五

实例分析：分析上图 2-5，主力为了达到快速增持的目的，在 A 处凌厉推高股价，并利用短线获利筹码的出局，顺势打压。出现一根大幅高开低走的巨量阴线，视觉效果尤为突出。

股价在前期被放量拉起后，吸引了市场短线投资者参与其中，此时主力在 B 处上行中，K 线形态剧烈震荡，走出了不符合常规思维惯性的形态。目的是造成短线资金巨大心理压力，迫使前期成交密集区被套资金和短期获利资金选择出局，以达到主力增持筹码的目的。

股价走到 C 处，刚刚突破前期成交密集区，此时日线级别的一个震荡弱 5 浪结构已经出现，市场向上预期改变，在指数的带动下，如 D 处所示，股价出现了快速的下跌。

深幅下跌必然带来低位抄底资金的介入，股价在抄底资金的介入下，出现了小幅度反弹，如 E 所示，在均线技术性压力下股价再次回挫到前期低点 F 位置。从盘面看，除了主力在增持时刻意影响股价外，股价的走势几乎都是顺遂于市场。但其后股价的上涨，明显出现了主力引导，股价从低位启动连续被拉升至 G 处，多头之势形成。

股价在前期头部只是做日线级别轻微震荡，在多头资金推动下和主力资金引导下，一路上扬。

（六）第六种控盘模式

低位持续巨量推高建仓，做 N 形二次增持，利用 M 形打压股价，沉淀筹码，直接拉升。

控盘原理与股价形态意图：

（1）市场经过长期或大幅下跌后，个股市盈率大幅下降，股价跌到价值投资区域。由于长期大幅下跌，使得空场资金非常充裕，一些机构资金，对具有价值投资的个股和可能出现的热点题材个股虎视眈眈。

（2）在市场接近底部区间或指数见底的时候，主力资金按计划快速大量建仓目标个股。这时，市场在指数反弹带动下普遍反弹，很难区别哪些是控盘主力建仓，哪些是超跌反弹。细微之处还是有区别的：一是主力急切建仓心态，决定其必然先于市场抢拿筹码；二是出现力度反弹持续放量逼空，不计成本承接反弹中获利抛盘和割肉盘；三是不畏盘中震荡持续收集呈现集中放量的连阳走势。

（3）为了收集更多筹码，主力也会利用反弹市场心理，在反弹到重要技术位置，快速顺势打压股价，让参与其中的投资者判断为反弹结束，从而抛出筹码，机构却以 N 形结构形态再次增持。

（4）通过两次增持，控盘主力基本完成了建仓，由于在大的空头趋势下，控盘主力利用所谓技术压力，轻易地就完成打压、洗盘过程。其后股价的拉升只是时机的选择问题了。

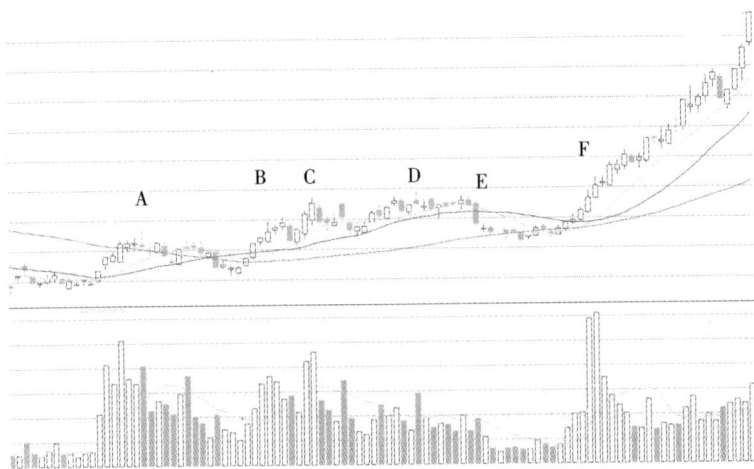

图 2-6　实例六

实例分析：市场经过连续下跌，个股投资价值凸显，在市场空仓资金充裕的情况下，尤其带有题材的个股往往被主力机构所挖掘，从而先于指数建仓或在指数触底时大幅度建仓。从图 2-6 看到，机构资金采取持续推高建仓，在 A 处均线压制抛盘较多情况下，依然增持不减。同时，利用反弹技术原理适当顺势放手股价回落，以便回落后二次增持。

B 处，主力再次连续增持，尤其在 C 处，甚至出现追高抢筹现象，但毕竟市场在大的空头趋势下，主力很容易控制上涨节奏，目的是更多地增持筹码。其后股价长时间维持在 D 处，应让筹码慢慢换手，并等待市场时机，伺机而动。

E 处，主力借助市场预期，反弹结束指数大跌，顺势打压指数，完成做底、沉淀筹码过程。在指数还在低位泥潭中苦苦挣扎之时，其连阳推升至 F 处，并创出两次增持高点，一轮强劲的拉升呼之欲出！

（七）第七种控盘模式

崩盘式的市场心理杀跌末期，低位承接、反转扫货、激烈反弹派发。

崩盘式的市场暴跌，一般会出现三种情况：

（1）市场经过均线系统技术杀跌，重要位置技术杀跌后，进入漫漫熊途，投资者深套其中解套无望，利空消息不断放大导致市场仅存的信心崩溃。从而进行不计成本的心理杀跌。

（2）股市疯狂上涨，累积了天量的获利盘。获利盘的出局导致市场出现踩踏效应，高位连续暴跌。

（3）市场波段高点与重大利空效益叠加，导致市场恐慌性连续暴跌。以上这些情况的发生，主力机构也难以准确料到，属于市场随机事件。作为主力，当遭遇市场暴跌，既是危机也是机遇，在这种极端市场情况下的操作，也反映了主力机构随市场而应变的任势能力。

严格意义上来说，这种机构随机而变，任势做盘手段不属于控盘。但这种高超又逆于市场多数投资者的操盘手法，确实又带有大资金运作特点，故也归为控盘模式之一。

控盘原理与股价形态意图：

（1）当市场暴跌发生时，一些控盘机构仍在个股中，这时他们也顺势抛出大量筹码，制造更大的恐慌气氛，让市场几近无接盘式暴跌。在跌出巨大的空间后，他们低位大量承接。在市场恐慌性抛盘杀出，并出现惯性下跌后，市场做空力量得到有效释放，市场呈现出极轻的反弹压力和巨大的反弹空间，这时主力快速扫盘，根本不给散户低位抄底机会。在激烈的反弹预期中，股价攻城略地，收复前期大部分下跌。当股价突破趋势均线压力被市场又看好时，主力快速派发手中筹码，完成了一轮在暴跌中获利巨大的操作，其胆识和操盘技巧及对市场的应变与利用，堪称经典。

（2）空仓主力或场外主力，在市场恐慌性下跌中，往往选择基本面较差的小盘股。这类股票在市场暴跌中，更是成为投资者竞相抛出的对象，做空力量释放较为彻底。由于盘子不大需要资金较少，制造大幅反弹容易，在吸引资金追逐的同时，能在极短时间派发手中筹码，达到盈利套现的目的。

（3）当市场暴跌后，往往由于股民持股较为分散，并且对市场判断和执行力不足，深套其中或杀在低位。所以在杀跌中很少敢于抄底买入，这正是主力承接筹码的关键。

无论主力和个人投资者，对于这种极端行情操作，有两个核心：一是暴跌之中，超跌个股的股价不断触及布林指标下轨；二是机构放量承接后再下跌的个股。这其中有深刻的市场心理意义。

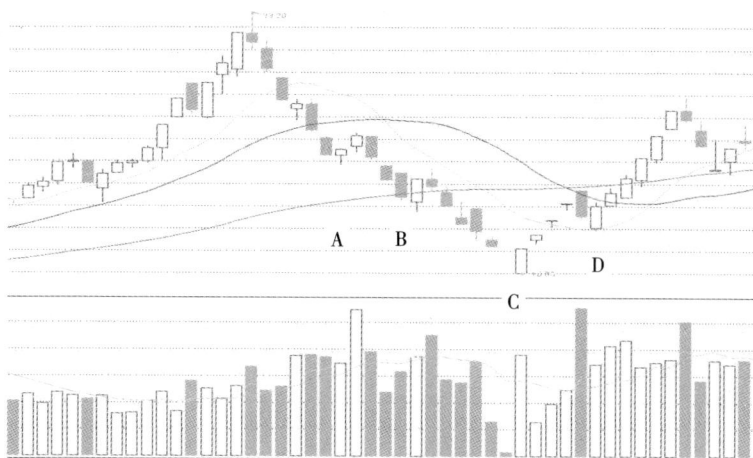

图2-7　实例七

实例分析：股价前期大幅上涨后，突然遭遇市场暴跌，如图2-7所示，在A、B技术位置，出现大量资金抄底，但在巨大下跌惯性下，股价在不断抵抗中依然出现心理杀跌，股价处于严重超跌状态。

在C处反弹一瞬间，机构资金迅速扫盘，导致股价由跌停到连续无量涨停，普通投资者根本无法买入，直到四个涨停后，股价才经过充分换手。

虽然前期抄底被套资金出局带来很大的抛压，但积极踊跃的场外买盘，依然能承接并推动股价连阳上涨，在主力资金引导下，股价再次出现连续涨停。就在股价即将要突破前期下跌成交密集区，在形势一片大好下，主力筹码迅速派发。其凌厉的走势让人叹为观止！

（八）第八种控盘模式

长期横盘诱空，主力推高建仓，或下跌五浪后主力推高建仓，借反弹结束预期心理，打压洗盘，做 N 形三浪拉升。

控盘原理与股价形态意图：

（1）在长期下跌熊市中，股价跌到价值区间，高位被套资金已经无法出局，低位部分抄底资金缓慢进场，股价在价值区间形成长期横盘走势。空头已经无法维持其趋势，但长期低迷的市场，也无法带来推动性力量，只有先知先觉的主力，感知到这难逢的投资机会。当脆弱的市场信心再次被击垮，连抄底资金也出现割肉之时，主力则大幅逆势建仓，连同割肉盘以及横盘中的解套盘统统纳入囊中。就在市场多数人还在争论是反弹还是牛市之时，控盘主力已经完成了快速建仓。

（2）同样也是在长期下跌中，指数和股价每跌到重要位置都会引来一大批抄底资金，有做价值抄底者，也有做反弹者，更有乐观者预期市场的反转。但是冰冻三尺非一日之寒，熊市一旦形成，其下跌幅度往往超出市场所有人的想象，伴随每次反弹的结束，都有大量的资金逃离市场，亦有大量资金被套在不断抄底的路上。直到所有技术位置都被一个个击破，市场出现恐慌性心理杀跌，空头趋势力量彻底释放！这时敏锐的机构主力则果断出手大幅建仓，市场筹码在人人避之不及中，转而又形成了人人争抢的对象，也在这急剧的变化中，完成了空头趋势的反转！

以上这两种机构建仓后，其操作的意图是一致的，但由于个股基本面的不同，在下跌过程中市场心理也不同，也就决定了主力控盘力度和未来行情的发展。

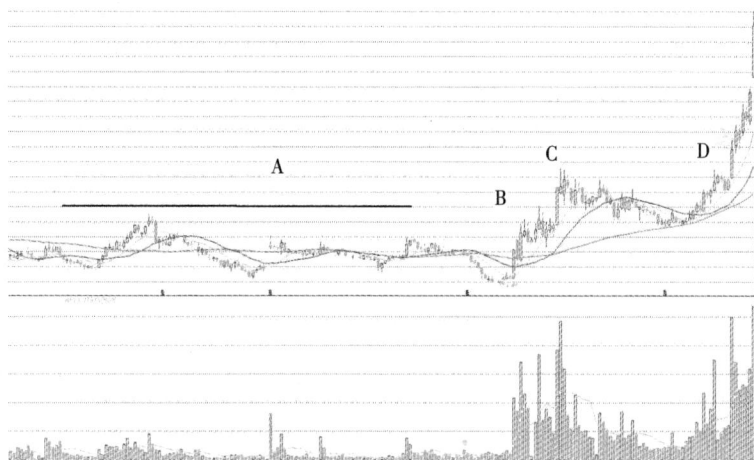

图 2-8　实例八

实例分析：在长期下跌市场背景下，股价在图 2-8 的 A 处构筑了一个横盘走势，期间股价充分换手，但始终没有主导力量的出现。长期的盘局必将打破，B 处股价出现连续下跌，就在这次破位下跌之时，却成为主力机构出手的最佳时机。由于主力的大幅买入，股价出现放量凌厉的反转走势。

在前期横盘成交密集区，控盘主力采取激烈震荡手法，反叛线与归顺线反复运用，大量筹码换手到主力手中。虽然，建仓过程用一个趋势三浪完成，但 C 处连续的暴量阳线和震荡，显示了主力收集的决心。

主力采取震荡推高收集，往往是个股筹码最松动的时候，大量短线资金和短线获利盘形成强大的上行阻力，主力完成强行收集后，也必然采取顺势调整走势。

经过较长时间调整，短线资金慢慢离场，长期持股信心慢慢建立，市场筹码得到较好的沉淀。当股价于 D 处重新走强并突破前高之时，在主力资金的引导下，大量跟风资金蜂拥而至，股价出现了凌厉的上涨！

二、为市场高手不齿之"内幕交易与操纵股价"

（一）内幕交易——权力和资本不可践踏的红线

2015 年 11 月 1 日晚 23 点 50 分，新华社报道，记者从公安部获悉，泽熙投资管理有限公司法定代表人、总经理徐翔等人，通过非法手段获取股市内幕信息，从事内幕交易、操纵股票交易价格，其行为涉嫌违法犯罪，近日被公安机关依法采取刑事强制措施。目前，相关案侦工作正在严格依法进行中。

徐翔被抓是 2015 年中国股市除了 6 月股灾、中信证券高层集体坍塌之后，又一重磅消息，也是一个股市神话谢幕。

何为内幕交易？

我国《证券法》第七十三条规定，禁止证券交易内幕信息的知情人和非法获取内幕信息的人，利用内幕信息从事证券交易活动。具体来说，内幕交易的认定需考察三个要素：内幕信息、内幕人（内幕交易的行为主体）和内幕交易行为。如果某一行为在这三个要素上都得到肯定的答复，就可能构成内幕交易。

1. 内幕信息

无论内幕人的认定还是内幕交易行为的界定，都以内幕信息为基础。因此，内幕信息是内幕交易认定中的基础环节。《证券法》对内幕信息的定义为："证券交易活动中，涉及公司的经营、财务或者对该公司证券的市场价格有重大影响的尚未公开的信息。"简而言之，就是会影响股票价格而又未公开的信息。内幕信息具有两大特征：重大性和非公开性。

重大性一般以消息对股票价格的显著影响力作为判断标准，即在通常情况下，该信息一旦公开，是否导致公司证券的交易价格在一段时期内与市场指数或相关分类指数发生显著偏离，或者致使大盘指数发生显著波动。《证券法》和《证券市场内幕交易行为认定指引（试行）》列举了部分此类消息，主要包括涉及公司经营方针和经营范围的重大变化、重大投资行为、公司高管人员的变动等方面的消息。

非公开性涉及价格敏感期间的计算。价格敏感期从内幕信息开始形成之日起至内幕信息公开或者该信息对证券的交易价格不再有显著影响时止。该期间的确定直接关系内幕交易的认定。只有在该期间内利用内幕信息进行的交易才能构成内幕交易。此期间外的行为，在目前的法律法规中并不构成内幕交易行为。从现在的实践看，敏感期间终结的时点较为容易认定，即依照信息披露的相关法律法规进行披露之时内幕信息丧失非公开性。具体而言，若内幕信息在中国证监会指定的报刊、网站等媒体披露，或者被一般投资者能够接触到的全国性报刊、网站等媒体披露，或者被一般投资者广泛知悉或理解，则内幕信息丧失非公开性。

如同人一样，信息也有一个孕育的过程。以何时为信息形成的时点直接关系到价格敏感期的起点，就像以何时为胎儿成为法律上认可的自然人，直接关系胎儿可能享有的法律权益一样。不过，信息的形成时点直至今日，依然未能找到一个类似胎儿呱呱落地一样明确的时点，法律法规中对此也没有一个明确的规定。实践中依据的标准是信息是否已经确定，例如，董事会做出相关决议，公司或控股股东与第三方签订意向书等。具体需要结合不同案件的情况进行认定。

2. 内幕人（内幕交易的行为主体）

内幕交易的行为主体具有一定的特定性。只有属于法律法规规定的内幕人范围的人员，才可能触犯内幕交易这根高压线。依据《证券法》规定，内幕人包括两类：①知情人；②非法获取内幕信息的人。

非法获取内幕信息的人，从定义上来讲比较容易，即指利用非法手段（包括骗取、套取、偷听、监听或者私下交易等）获取内幕信息的人。此类通过非法手段获取内幕信息的人，没有一个特定的范围，可以是任何一个人。知情人则不同于非法获取内幕信息的人，其获得内幕信息的途径是合法的，往往是基于职务、亲属关系等得以接触内幕信息。因此，知情人有一个固定的范围。对此，《证券法》和《证券市场内幕交易行为认定指引（试行)》都做出了具体的规定。

此外，法律还对知情人作了进一步区分。区分的目的是为了合理分配举证责任。谁主张谁举证是法律的一般原则，不过，在某些情况下，考虑到获取证据的难易程度，法律会进行一定的变通，实行举证责任倒置，即法律首先推定有一定的事实，除非当事人提出相反的证据。具体到知情人的认定，为了更好地打击内幕交易行为，同时保护属于知情人范围内的人员的合法权益，法律法规根据知情人与内幕信息接触的密切程度，规定了法定知情人、推定知情人以及其他知情人。对于法定知情人和推定知情人，执法、司法机关只需证明其在价格敏感期内有内幕交易行为，就可认定构成内幕交易，除非行为人有足够证据证明自己不知悉有关内幕信息。非法定和推定的其他知情人，执法、司法机关应采用与非法获取内幕信息人员一样的做法，除证明行为人在价格敏感期内有内幕交易行为，还需证明行为人是否知悉内幕信息。法定知情人与推定知情人在行为认定中并不存在差别，仅有的区别在于法定知情人为《证券法》规定的范围，而推定知情人为证监会依据《证券法》授权，在《证券市场内幕交易行为认定指引（试行)》中规定的范围。

3. 内幕交易的三种具体行为类型

内幕交易的认定，落脚点依然在行为上。内幕人即便知悉内幕信息，只有从事了一定的行为，才能构成内幕交易。这些行为包括在内幕信息的价格敏感期内买卖相关证券，或者建议他人买卖相关证券，或者泄露该信息。也就是说，内幕交易行为包括三种类型：买卖、建议买卖、泄露。

买卖证券包括以本人名义，直接或委托他人买卖证券，或者以他人名义买卖证券，或者为他人买卖证券。其中，以他人名义买卖证券较难认定。目前采用的标准是以资金来源和收益所得进行认定，即紧盯资金的来源与去向。若提供证券或资金给他人购买证券，且该他人所持有证券的利益或损失，全部或部分归属于本人，或对他人所持有的证券具有管理、使用和处分的权益，则属于以他人名义进行的买卖行为。

建议买卖指向他人提出买卖相关证券的建议。建议方应为内幕人，被建议方应为非内幕人。行为方面，建议方并不是直接将内幕信息提供给他人，而是基于其掌握的内幕信息，建议他人从事证券交易。建议方具有鼓励、推动和指导的作用。

泄露包括以明示或暗示方式向他人泄露内幕信息。《刑法》中有关内幕交易行为的罪名包括两个：内幕交易罪和泄露内幕信息罪。因此，内幕交易行为的前两种类型和第三种类型在《刑法》中分属不同的罪名，有着不同的后果。不过，两个罪名同属《刑法》第一百八十条规定的罪名，刑罚也相同。值得注意的是，上述几类内幕人，不管本身是否从事了买卖证券的行为，若其知晓该信息为内幕信息，则一旦其泄露内幕信息，无论其是否获益，泄露这一行为本身就已经构成了内幕交易行为。

作为证券市场普通投资者，绝大多数无缘接触和得到内幕信息，从证监会公开的大量处罚的案例看，进行内幕交易者一个是权力拥有者，一个是资本控制者，其行为极大破坏了市场的公平性，危害市场运行的基础，为市场诚实守信的交易者所不齿。作为私募机构拥有一定规模资金体量及资本逐利的天性也最易成为内幕交易者，本节专门论述内幕交易也是一个警醒。

对于内幕交易行为人，按照我国现行法律，有民事、行政和刑事三层责任体系：

其一，内幕交易行为给投资者造成损失的，行为人应当依法承担民事赔偿责任。

其二，证券监管机构还将对内幕交易行为人处以责令依法处理非法持有的证券、没收违法所得、罚款等行政处罚和采取市场禁入等措施。

其三，情节严重、构成犯罪的，还会面临刑事制裁。《刑法》第一百八十条第一款规定：证券交易内幕信息的知情人员或者非法获取证券交易内幕信息的人员，在涉及证券的发行、交易或者其他对证券的价格有重大影响的信息尚未公开前，买入或者卖出该证券，或者泄露该信息，情节严重的，处五年以下有期徒刑或者拘役，并处或者单处违法所得一倍以上五倍以下罚金；情节特别严重的，处五年以上十年以下有期徒刑，并处违法所得一倍以上五倍以下罚金。

（二）操纵市场——资本巨鳄的自我毁灭之路

内幕交易多是一种权力在资本市场的变现，借助巨大资金优势操纵市场，则是对市场公平的肆意践踏。普通投资者往往对内幕交易恨之入骨，而对操纵市场采取较为包容的态度。这是因为，内幕交易者多数是权力的占有者或是接近权力者，大资金或庄家虽利用不对等资金优势操纵市场，毕竟是市场的参与者，同时也承担市场波动带来的巨大风险。在目前中国股市的阶段，投资者多倾向投机跟风炒作，更是把寻找被庄家操纵的个股作为研究和操纵对象。

在中国股市最初发展的 10 多年里，市场参与者较少，股市中大多个股成交清淡，被操纵的个股交投活跃，也就成为股民跟风的对象，散户与机构庄家既是对手又相互依存，投资坐庄是被投资者普遍认同的一种投资方式。

1997 年 10 月 1 日起实施新刑法第一百八十二条，首次将操纵证券价格行为界定为犯罪。手段主要有四种：连续交易操纵、约定交易操纵、洗售操纵（自买自卖）和其他方法操纵。1998 年亚洲金融危机爆发，这一事件使国内对金融风险的重视程度大大提高。1999 年 7 月 1 日生效的《证券法》在第七十七条对操纵市场作了类似的规定。这些行为在"情节严重"时构成犯罪。

在法律定义的四种手段中，何为"其他方法操纵"？中国证监会 2006 年发布的《证券市场操纵行为认定指引》列举了五种：蛊惑交易、抢帽子交易、虚假申报、特定时间的价格或价值操纵、尾市交易操纵，这五种为其他操纵手段。

操纵行为在"情节严重"时构成犯罪。何为"情节严重"？对于"情节严重"，最高人民检察院、公安部于 2010 年 5 月 7 日通过的《关于公安机关管辖的刑事案件立案追诉标准的规定（二）》第 39 条规定，是指具有下列情形之一的：

"（1）单独或者合谋，持有或者实际控制证券的流通股份数达到该证券的实际流通股份总量 30% 以上，且在该证券连续 20

个交易日内联合或者连续买卖股份数累计达到该证券同期总成交量 30%以上的;

（2）单独或者合谋，持有或者实际控制期货合约的数量超过期货交易所业务规则限定的持仓量 50%以上，且在该期货合约连续 20 个交易日内联合或者连续买卖期货合约数累计达到该期货合约同期总成交量 30%以上的;

（3）与他人串通，以事先约定的时间、价格和方式相互进行证券交易或者期货合约交易，且在该证券或者期货合约连续 20 个交易日内成交量累计达到该证券或者期货合约同期总成交量 20%以上的;

（4）在自己实际控制的账户之间进行证券交易，或者以自己为交易对象，自买自卖期货合约，且在该证券或者期货合约连续 20 个交易日内成交量累计达到该证券或者期货合约同期总成交量 20%以上的;

（5）单独或者合谋，当日连续申报买入或者卖出同一证券、期货合约并在成交前撤回申报，撤回申报量占当日该种证券总申报量或者该种期货合约总申报量 50%以上的;

（6）上市公司及其董事、监事、高级管理人员、实际控制人、控股股东或者其他关联人单独或者合谋，利用信息优势，操纵该公司证券交易价格或者证券交易量的;

（7）证券公司、证券投资咨询机构、专业中介机构或者从业人员，违背有关从业禁止的规定，买卖或者持有相关证券，通过对证券或者其发行人、上市公司公开作出评价、预测或者投资建议，在该证券的交易中谋取利益，情节严重的;

（8）其他情节严重的情形。"

我国传统惯例上对经济活动的入刑慎重，股市具体操纵行为的细节取证困难，以及法律本身对其经济行为合法与否的标准较为模糊，这使得法官在判定是否应该入罪时较难把握。

基于公开的司法文书和媒体报道，从 1996 年至 2015 年 7 月近 20 年里，中国证监会官网公布的 55 起股票市场操纵行政处罚案件，只有个别案件进入司法程序。2003 年 4 月 1 日，北京市第二中级人民法院对深圳市中科创业投资股份有限公司（简称"中科创业"）操纵证券交易价格案一审公开宣判，以操纵证券交易价格罪判处上海华亚实业发展公司罚金人民币 2300 万元；以操纵证券交易价格罪分别判处丁福根、董沛霖、何宁一、李芸、边军勇、庞博 6 名被告人 4 年至 2 年零 2 个月有期徒刑，并对其中三人分别判处罚金 10 万~50 万元。

2015 年 6 月，中国股市由于上半年场外配资高杠杆带来疯狂上涨，过度积累风险与去杠杆手段失控叠加效应，造成股市崩盘结果。作为监管层也更为重视股市秩序的建立和监管。从中国证监会公开披露的信息中可以查到，从股灾发生后的 8 月开始，截至 11 月底，三个月期间，证监会查处 131 起违法案件，移送公安部 22 起，力度空前。从披露的案件情况看，内幕交易和操纵市场为主，违法犯罪呈机构特征，尤其私募是违法的重灾区。中国私募基金阳光化以来，其发展势头方兴未艾，但在投资理念与投资思路上依然带有过去依靠资金优势坐庄控盘操纵市场的色彩。在证券市场日益规范的趋势下，依然沿袭这种"编故事、讲题材"违法炒作的投资思路，无疑是一条自我毁灭之路。徐翔神话的破灭是给予中国私募基金，如何发展走何种投资之路一个最好的警醒！私募基金要做中国股市的价值发现者、价值投资者，做中国股市合规的任势者！

三、股市合规的任势者

孙子曰：若决积水于千仞之溪者，形也。

孙子曰：如转圆石于千仞之山者，势也。

股市整体平均市盈率、市场股价和极高市盈率分布，指数多空、位置、阶段，行业基本面与个股基本面的变化，市场资金的流向，等等，皆为之形。

形者，正也。势者，奇也。孙子曰：凡战者，以正合，以奇胜。故善出奇者，无穷如天地，不竭如江海。终而复始，日月是也。死而更生，四时是也。声不过五，五声之变，不可胜听也；色不过五，五色之变，不可胜观也；味不过五，五味之变，不可胜尝也。战势不过奇正，奇正之变，不可胜穷也。奇正相生，如循环之无端，孰能穷之哉！

形者，坤阴也。势者，乾阳也。孙子曰：形兵之极，至于无形。无形，则深涧不能窥，智者不能谋。孙子曰：策之而知得失之计，作之而知动静之理，形之而知死生之地，角之而知有余不足之处。孙子曰：善动敌者，形之，敌必从之；予之，敌必取之。以利动之，以卒待之。敌虽众，可使无斗。

阴阳者，乃阴阳相依，阴阳互根。阴中有阳，阳中有阴，形中有势，势中有形，势从形生，故因形而错胜于众，众不能知。人皆知我所以胜之形，而莫知吾所以制胜之形。故其战胜不复，而应形于无穷。

机构大资金投资股市二级市场，必须做到顺应大势，因时而动，做市场合规的任势者。内幕交易是权力的腐败，操纵市场是资本骄横的莽夫所为。笔者在多年的投资圈里，也接触到很多"大鳄"级的资本操盘者，语言中那种自恃实力强大的骄横，对市场规则的藐视，把赤裸裸的操纵市场当做能力，以及对财富强大的欲望与迫切，着实让笔者从心底生出一种恐惧。

中国私募基金已经阳光化，私募机构和私募基金经理必须严守三条红线：内幕交易、操纵股价、利益输送。私募基金与公募基金相比，有其鲜明的特点：控制风险的情况下追求较高的绝对收益。这注定了私募基金管理在投研行业和个股基本面的同时，更注重市场背景下不同投资策略的制定，对个股和个股介入时机的选择。

乾阳坤阴周而复始，股市牛熊交替往复循环。

（一）坤阴确立，借形以守

一轮疯狂牛市顶部往往在"亢龙有悔"中形成，一阴"履霜"之始，大势坤阴确立，"驯致其道，坚冰至"。熊市之中取守势。

孙子曰：不可胜者，守也；可胜者，攻也。善守者，藏于九地之下。

孙子曰：守而必固者，守其所不攻也。善守者，敌不知其所攻。

熊市一旦形成不是一个或多个机构能够逆转的，所谓任势就是要善加利用这种已经形成的下跌趋势。"守"在股市中有两层意思：一是顺承大势追求"括囊，无咎无誉"的投资操守；二是守而必固的投资策略，即藏于九地之下，守其不攻或守其不知所攻。

以形而论，牛市走到末期积累了大量的获利盘，一旦出现转折信号，他们往往是慌不择路。由于获利十分巨大，他们会不计成本地出清股票，在大量获利盘的抛压下，指数及个股由高位向下快速下跌，击穿日线层层均线，形成下跌行情。市场转势下跌，主要由获利盘在一特定的事件驱动下，形成较为一致的卖出股票行为。虽然出现较大的下跌，但由于大的趋势依然存在，牛市所培育的多头思维依然还在。也由于高位急速下跌，机构资金一时无法出脱股票，必然在合适的技术位置，利用出局后场外空仓资金急于抄底心理制造反弹。高位急跌并在短期严重超卖情况下，就是取其"守其不攻"之形。

图 2-9 是一段指数走势，指数经历大幅上涨后，在巨大获利盘的抛压下出现快速下跌。任何均线也阻挡不了汹涌的抛盘，技术性均线被层层击穿后，给投资者造成巨大的心理恐惧，市场有如深不见底的悬崖。正是这种技术性的杀跌，逆转了市场预期，也由于市场预期的改变，更造成了更多投资者选择出局，包括一些短期技术性抄底资金也在恐惧中再次割肉出局时，空头力量得到了有效释放，机构此时已经开始酝酿和布局反弹了。就概率而

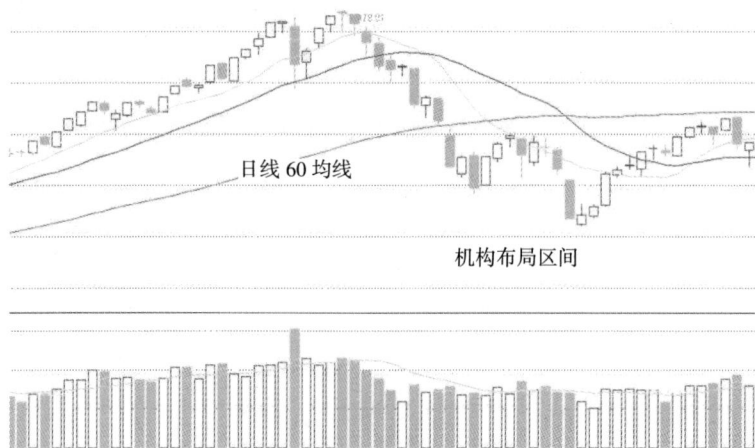

图 2-9 守其不攻

言，在大的波段上涨或牛市中，由于市场资金的充裕及牛市中人们投资心理的惯性，以及机构和散户间筹码的换手与分布，市场第一次连续下跌击穿周线 20 均线后，往往会有较强的反弹预期。机构资金正是利用这个预期和指数"不攻"之形，成功引导了抄底反弹或低位补仓反弹，有些个股在概念题材的造势下，成为市场追逐的热点，在热情的跟风资金追逐下甚至创出前期新高，主力机构资金全身而退，而把跟风的散户再次套在高位！

也有在熊市下跌的末端，由于长期市场的低迷，投资者面对大幅亏损账户，望眼欲穿期盼股市上涨。市场总是小反弹之后下跌更深，这种期待和失落不断累积放大，直至信心全部崩溃，出现熊市末期市场疯狂的心理性杀跌。一边是场内长期亏损后疯狂杀跌，一边是场外虎视眈眈急于进场的空仓资金和遍地黄金般跌破净资产的股票。空方力量彻底释放后，则正是空头"不知所攻"之形！无论是价值投资资金，还是左侧交易的抄底资金，必然洪涌而至出现强抢盘式上涨，市场的活跃或反转又为下一轮牛市创造了条件。

（二）纷乱奇正，用形任势

熊市过程中或牛市初期， 一些个股经过长期下跌，已经跌到价值投资区域，或者个股内在基本面发生了重大利好性变化。由于投研力量和获取信息的不对称性，以及资金规模上的区别，机构资金往往先于普通投资者介入。随着机构资金进场，个股交易开始活跃起来，同时也吸引了市场其他投资者的关注。

此时指数背景仍处在熊市之中或在熊末牛初，多空分歧较大，市场投资心理还处在熊市短炒阶段。机构建仓经过波段推高后明显缺少跟风盘，这种市场环境下，机构操盘手往往奇正手法交替使用，把股价维持在一个区间进行高抛低吸，不断从中获利，逐步摊低自己的持仓成本，更大的目的是用形任势，等待市场牛市机会出现！

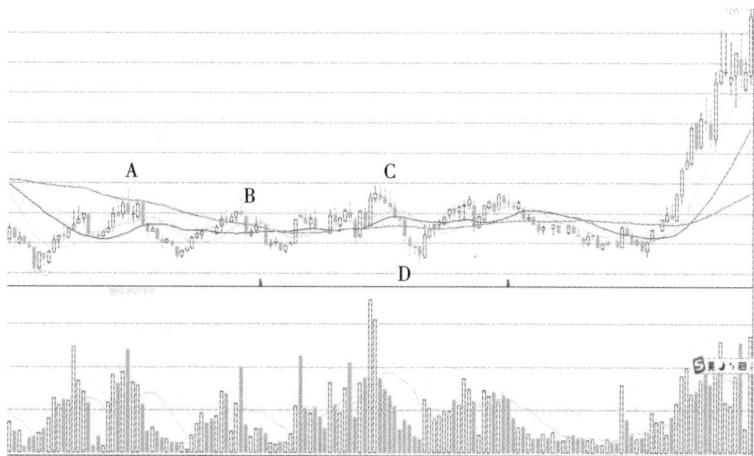

图 2-10　股票走势

如图 2-10 股票走势，在熊市背景下，由于此股内在基本面的积极性变化，机构资金采取低位持续推高进场，当股价被推升至 60 均线时，市场普遍认为反弹结束，在压力位置纷纷卖出股票。机构恰恰利用这种大家看到的"正"，把股价维持在 60 均线附近但又不突破，利用这种"正"达到继续吸纳筹码的目的。

如果是短线机构，在形态以 W 结构再次突破 60 均线时，完全可以利用这种形态之"正"，快速拉高股价达到获利套现的目的。但机构操盘却反其道而行之，借机抛出部分获利筹码打压股价，把股价继续维持在箱体区间。在 C 处和 D 处，机构刻意控盘目的已经非常清晰，主力在"奇正"之间完成了筹码的收集。后来，对应指数仅仅一个波段反弹，此股便以凌厉的走势翻倍! 这又何尝不是以"奇"制胜呢？

"凡战者，以正合，以奇胜。故善出奇者，无穷如天地，不竭如江河。"

"战势不过奇正，奇正之变，不可胜穷也。奇正相生，如环之无端，孰能穷之哉!"

(三) 乾阳九二，示形以攻

一轮牛市的形成和发展，离不开机构资金的介入和引导，当市场还在震荡构筑指数底部的时候，一些先知先觉的主力机构已开始了布局。很多个股还在底部苦苦挣扎时，前期主力深度介入的个股就已经在题材或概念光环下为市场资金所追捧，借助人气开始了凌厉的上涨。随着指数上涨，牛市共识已经形成，后知后觉主力纷纷入市建仓，推动着牛市向纵深发展。在牛市中，大多数投资者都能靠捂股获利，牛市对于机构更是一场资本的饕餮盛宴。

机构资金在牛市中最佳投资策略是示形以攻。何为示形以攻？牛市一旦形成，很多个股都走出形态底部，完成了由形到势的转换。这个时候，实力机构对投研的个股做好基本面和题材的充分预估后，在趋势合理位置利用技术形态制造多空分歧，完成建仓。其后做出强烈上攻形态，后面的事几乎就交给市场了。在牛市源源不断的资金推动下，机构资金很快就完成了在股价大涨中获利出局的目的。

示形以攻，借的是势，示的是形。目的是利用技术之形，成功吸引市场跟风资金，达到"不攻"而股价凌厉上涨的目的。孙子曰：上兵伐谋，其次伐交，其次伐兵，其下攻城。故善用兵者，屈人之兵而非战也，拔人之城而非攻也，毁人之国而非久也，必以全争于天下，故兵不顿，而利可全，此谋攻之法也。

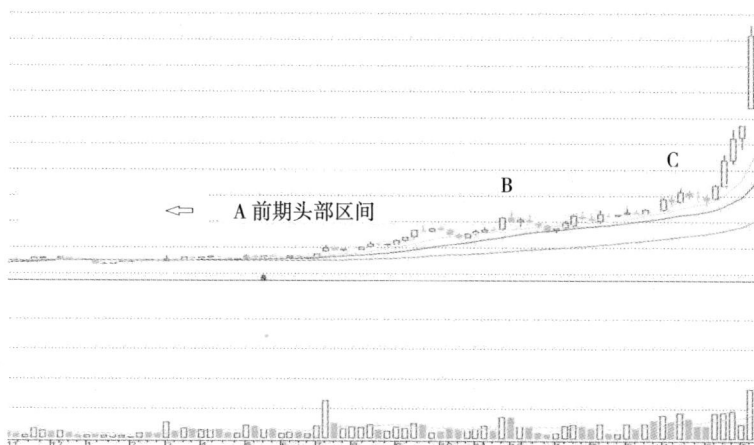

图2-11 个股走势

图 2-11 是牛市中一段个股走势图。机构资金基于此股良好的基本面，以及当时牛市投资氛围，在 A 的价格区间（即前高头部位置，成交密集区）通过 B 处多空复折，缓慢推高并保持趋势的区间震荡。以此手法收集大量筹码，其后依然维持股价缓慢上行，消磨牛市中投资者持股耐心达到清洗浮筹的目的，也是等待更佳板块热点时机。C 处即大涨之前，再次以 K 量横盘调整示形上攻，在大量趋势投资和跟风盘推动下，股价凌厉上涨！机构资金在趋势合理阶段建仓示形，成功引导了资金跟风推高股价，达到"不战而屈人之兵"之获利目的。

孙子曰：兵贵胜，不贵久。深刻揭示了趋势投资的精髓！一个私募基金经理或机构操盘者，如果不能深得趋势之法，运用趋势到炉火纯青地步，根本不可能在中国 A 股大涨大跌而脱离基本面的阶段情况下，做到有效控制风险、稳健取得可以预期的收益。

孙子曰：故善战人之势，如转圆石于千仞之山者，势也。吾深以为然！

四、机构操盘手看盘原理

不同机构对于操盘手的界定不同。公募基金中操盘手更多是一个熟悉交易规则的敲单员。相对公募而言，私募基金对操盘手的市场判断能力和投资经验要求更为苛刻，很多中小私募基金操盘手，往往是基金经理亲身带出来的交易助手，全程参与投资策略制定和交易的全过程，深刻理解基金经理投资风格、交易意图。他们往往有过独立管理和交易大资金经历，对市场感知和判断非常独到，这种人才在私募圈非常难得。

机构操盘手整天面对波动市场，处于交易一线。面对纷乱涨跌市场，他们最重要的任务是观察判断个股交易筹码的稳定性，以及场外空仓资金的追高意愿，为机构团队提供准确的市场判断，从而制定合适操盘策略。对于一些机构长期介入其中的庄股而言，操盘手作用更是不言而喻！

在市场低迷阶段，一些战略资金开始介入基本面良好或有内在题材的公司，进行收集筹码，只待市场反弹或转势。这类个股往往借助筹码高度稳定的机会，迅速地推高股价，成为一波行情的引领者。

也有一些机构在牛市过程中，选择市场分歧较大的前期高点或成交密集区，以较为凶悍的手法收集筹码，并借势调整，待筹码稳定后选择凌厉向上突破走势。

也有一些机构在下跌趋势中，等待个股出现深幅下跌。很多筹码高位套死不愿低位割肉，流通筹码变少，出现因为成交低迷而形成的筹码稳定性，机构资金低位承接后借机制造出强劲的反弹。

由上可知，机构资金很多拉抬机会都是选择个股筹码稳定性这一特点。相反，机构资金在大幅建仓阶段，往往需要筹码松动的盘面环境，这样才能达到控制价格区间而又达到快速收集目的。

准确判断个股筹码稳定性，是机构操盘手必须具有的看盘能力之一。一般来讲，除了主力机构以推高建仓，或制造诱多陷阱外，主力引导推高股价时必定在盘面表现出筹码稳定这一 K 量特性。

（一）筹码稳定的原因

（1）主力机构吸筹后锁仓，流通筹码稀少；

（2）行情向好发展中，股民惜售；

（3）严重下跌后，被套资金被动锁仓，流通筹码稀少。

（二）表现筹码稳定性的盘面语言

（1）形态卖点的杀跌意愿；

（2）均线击穿后的杀跌意愿；

（3）反叛线出现后的杀跌意愿；

（4）跳空低开后的杀跌意愿；

（5）K 线形态表现出来的筹码稳定性特点。

（三）资金追高意愿的成因

（1）市场中追高获利的效应；

（2）同类板块的非常表现；

（3）充分调整后空仓资金的丰富；

（4）图形技术形态的买点；

（5）利好消息的鼓舞。

（四）表现资金追高意愿的盘面语言

（1）均线突破后第二天分时表现；

（2）力度阳线后第二天分时表现；

（3）跳空高开后分时表现；

（4）两阳或三阳后，资金的追高表现；

（5）日K线长上影线，当天分时表现；

（6）形态突破后的分时表现；

（7）形态走强后的分时表现。

（五）高低开盘作用与盘面语言

无论指数或个股，每天的高低开盘，对于研判市场或洞察个股后市方向都有重要意义，特别是在关键技术位置。分析个股的高低开盘及盘中分时走势和量价关系，是经验投资者把握主力意图的重要方法之一。

对于机构操盘手来说，通过自然的高低开盘和刻意的高低开盘，研判或测试市场追高及承接力度的重要环节，对于目标个股运作成败至关重要。

（1）机构操盘手在市场关键位置或重大外盘影响下，往往通过低开测试筹码的稳定性。

主力操盘手为了测试个股卖盘压力，利用开盘时抛出一笔筹码将股价压下来，如果随后出现下跌幅度超过主力预期并伴随成交量放大，说明市场卖压较重，散户不因价跌而惜售。主力则根据对后市的预期做相应操作。

为了测试散户持股意愿，主力在开盘时先低价抛出一笔筹码，随后股价缓慢下滑，回档幅度不深且下跌缩量，说明散户不愿追杀，浮筹较少，这时主力可能反手做多快速拉升股价，不给短线资金低位买入机会。

（2）机构资金在建仓阶段当出现强劲的追高意愿时，往往采取高抛手法，并在指数调整时大幅低开放大下跌力度，如此震荡让市场持仓筹码松动。在推升股价阶段则竭力维持股价的上升形态，即使遭遇指数调整也是采取盘中迅速拉抬或拉尾盘的方式保持良好的攻击形态，从而吸引资金的关注和跟风。

在拉升股价过程中，为了测试市场追高意愿，往往做出强势开盘，如果资金看好后市跟风较强，则表现为价涨量增，此时主力会根据自己的意图在盘中合适位置攻击涨停。

个股高开后，资金追涨意愿不足，盘中表现为价涨量缩、缺少跟风追高意愿，一般主力会顺势调整换手，以重新吸引跟风追涨资金来推动股价。也有一种情况，主力处于收集阶段强推股价达到收集目的。

根据盘中走势量价关系判断资金的追高和杀跌意愿，是研判大盘方向主要依据之一。市场形态意义、趋势强弱、主力意图等，都是 K 量分析原理的核心分析方法。

第三章

股票市场趋势的
推动者

孙子曰：

　　激水之疾，至于漂石者，势也；鸷鸟之疾，至于毁折者，节也。故善战者，其势险，其节短。势如彍弩，节如发机。

一、市场趋势与市场阶段

股市经典分析理论中，艾略特以自然法则视角建立的波浪理论，较为客观地模拟和描述了市场运行的过程。

艾略特理论认为，不管是多头市场还是空头市场，每个完整循环都会有几个波段。多头市场的一个循环中前五个波段是看涨的，后三个则是看跌的；而前五个波段中，第一、第三、第五，即奇数序号，是上升的，第二、第四波段，即偶数波段中的六波段偶数序号，是明显看跌的；第七为奇数序号，则是反弹整理。因此，奇数序波段基本上在不同程度上是看涨的或反弹，而偶数序波段则是看跌或回跌。整个循环呈现的是一上一下的总规律。

从更长的时间看，一个循环的前五个波段构成一个大循环的第一波段，后三个波段构成大循环的第二个波段。整个大循环也由八个波段组成。就空头市场看，情形则相反，前五个波段是看跌行情，后三个则呈现看涨行情。前五个波段中，又是第一、第三、第五奇数序波段看跌，第二、第四偶数序波段反弹整理，看涨行情的三段中，则第六、第八段看涨，第七回跌整理。整个循环依然是一上一下的八个波段。在空头市场，一个循环也构成一个大循环的第一、第二个波段，大循环也由八个波段组成。

波浪理论的基本原理：

（1）股价指数的上升和下跌将会交替进行；

（2）推动浪和调整浪是价格波动两个最基本形态，而推动浪（即与大市走向一致的波浪）可以再分割成五个小浪，一般用第1浪、第2浪、第3浪、第4浪、第5浪来表示，调整浪也可以划分成三个小浪，通常用A浪、B浪、C浪表示。

（3）在上述八个波浪（五上三落）完毕之后，一个循环即告完成，走势将进入下一个八波浪循环；

（4）时间的长短不会改变波浪的形态，因为市场仍会依照其基本形态发展。波浪可以拉长，也可以缩细，但其基本形态永恒不变。

总之，波浪理论可以用一句话来概括：即"八浪循环"，如图3-1所示。

波浪理论在应用中的缺陷：

（1）波浪理论对现象的看法并不统一。每一个运用波浪理论者，包括艾略特本人，很多时候都会受一个问题的困扰，就是一个浪是否已经完成而开始了另外一个浪呢？有时甲看是第一浪，

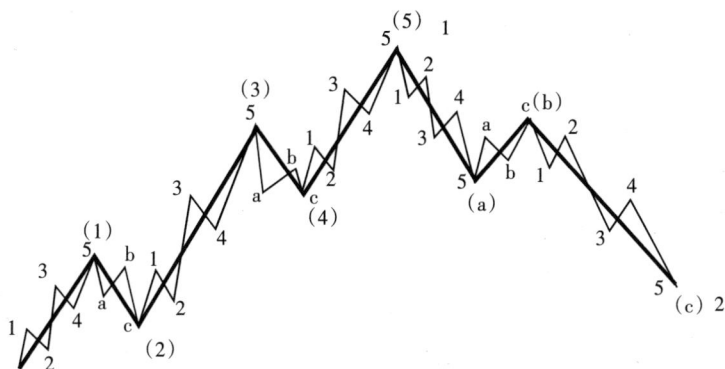

图3-1 波浪理论基本浪形

乙看是第二浪。差之毫厘，失之千里。看错的后果却可能十分严重。一套不能确定的理论用在风险奇高的股票市场，运作错误足以使人损失惨重，甚至全军覆没。

（2）怎样才算是一个完整的浪，并无明确定义，在股票市场的升跌次数绝大多数不按五升三跌这个机械模式出现。数浪几乎是主观随意。

（3）波浪理论有所谓伸展浪，有时五个浪可以伸展成九个浪。但在什么时候或者在什么准则之下波浪可以伸展呢？艾略特自己也没有答案，使数浪这回事变成各自启发，自己去想。

（4）波浪理论的浪中有浪，可以无限延伸，亦即是升市时可以无限上升，都是在上升浪之中，一个巨型浪，一百几十年都可以。下跌浪也可以跌到无影无踪都仍然是下跌浪。只要是升势未完就仍然是上升浪，跌势未完就仍然是下跌浪。这样的理论有什么作用？能否推测浪顶浪底的运行时间甚属可疑，等于纯粹猜测。

（5）艾略特的波浪理论是一套主观分析工具，缺少客观准则。市场运行却是受情绪影响而并非机械运行。波浪理论套用在变化万千的股市会十分危险，出错机会大于一切。

（6）波浪理论不能运用于个股的选择上。

以上是深研艾略特波浪理论的投资者对波浪理论的看法。这种观点具有很强的代表性。就笔者而言，一是自己是一个理论的研究者，而且长期处于证券市场实际操盘的实践中，观察和感受比一般人更为深刻；二是深谙自然时空原理，可以在更高的层次上思考波浪理论。所以笔者对波浪理论的理解是：

（1）波浪理论揭示了股市运行具有自然法则的基本浪形现象与结构；

（2）波浪理论对上涨市和下跌市做了基本的定义；

（3）波浪理论提出的推动浪和调整浪，解决了市场方向和多空之间的关系；

（4）波浪理论揭示了形态的多空及多空的时机。

而上述这些原理则是价格波动市场趋势技术分析最基础、最核心的原理。从这个意义上看艾略特的波浪理论，给予他无论多么崇高的评价都不为过！很多投资者研究波浪理论却是拘泥于其浩瀚的推理和计算，而忽略了其最为精髓的思想，实为舍本逐末。之所以波浪理论不能单独作为操作依据，就是因为其高度的原理性。理论的系统性波浪理论建立了大浪与小浪，浪与浪之间往复不绝的循环，使之几乎成为一个无法实际操作的理论。在实际操作中，波浪理论必须解决浪的定性和定位。K量分析原理是笔者在长期的操盘实践中，从多空博弈原理和市场投资心理变化分析，不断总结和提取的一种分析原理，见于拙著《K量三态分析方法》，该书最大贡献即是对价格波动浪形的定性。关于浪的定位其后在趋势位置的论述中大家自然会明白。

与波浪理论一样伟大的还有道氏理论，道氏理论被誉为股市技术研究的鼻祖。道氏最伟大的贡献就是对市场趋势的定义！主要思想体现在三个假设、三种趋势、六个定理中。

道氏理论有极其重要的三个假设，与人们平常所看到的技术分析理论的三大假设有相似的地方，不过道氏理论更侧重于其市场含义的理解。

假设之一：人为操作。指数或股票每天、每星期的短期波动可能受到人为操作，次级折返走势也可能受到这方面有限的影响，比如常见的调整走势，但主要趋势不会受到人为的操作。

有人也许会说，庄家能操作股票的主要趋势。就短期而言，他如果不操作，这种适合操作的证券的内质也会受到他人的操作；就长期而言，公司基本面的变化不断创造出适合操作证券的条件。总的来说，公司的主要趋势仍是无法人为操作，只是证券换了不同的机构投资者和不同的操作条件而已。

假设之二：市场指数会反映每一条信息。每一位对于金融事务有所了解的市场人士，他所有的希望、失望与知识，都会反映在指数每天的收盘价波动中。因此，市场指数永远会适当地预期未来事件的影响。如果发生火灾、地震、战争等灾难，市场指数也会迅速地加以评估。

在市场中，人们每天对于诸如财经政策、扩容、领导人讲话、机构违规、创业板等层出不穷的题材不断加以评估和判断，并不断将自己的心理因素反映到市场的决策中。因此，对大多数人来说市场总是看起来难以把握和理解。

假设之三：道氏理论是客观化的分析理论——成功利用它协助投机或投资行为，需要深入研究，并客观判断。当主观使用它时，就会不断犯错，不断亏损。市场中95％的投资者运用的是主观化操作，这95％的投资者绝大多数属于"七赔二平一赚"中的那"七赔"人士。

道氏理论的六个定理。

定理一：道氏的三种走势。

股票指数与任何市场都有三种趋势：短期趋势、中期趋势、长期趋势。任何市场中，这三种趋势必然同时存在，彼此的方向可能相反。

长期趋势最为重要，也最容易被辨认。它是投资者主要的考量，对于投机者较为次要。中期与短期趋势都属于长期趋势，唯有明白他们在长期趋势中的位置，才可以充分了解他们，并从中获利。

中期趋势对于投资者较为次要，但却是投机者的主要考虑因素。它与长期趋势的方向可能相同，也可能相反。如果中期趋势严重背离长期趋势，则被视为是次级的折返走势或修正。次级折返走势必须谨慎评估，不可将其误认为是长期趋势的改变。

短期趋势最难预测，唯有交易者才会随时考虑它。投机者与投资者仅有在少数情况下，才会关心短期趋势：在短期趋势中寻找适当的买进或卖出时机，以追求最大的获利，或尽可能减少损失。

定理二：主要走势（空头或多头市场）。

主要走势代表整体的基本趋势，通常称为多头或空头市场，持续时间可能在一年以内，也可能是数年之久。正确判断主要走势的方向，是投机行为成功与否的最重要因素。没有任何已知的方法可以预测主要走势的持续期限。

虽然近半个世纪以来的科技与知识有了突破性的发展，但驱动市场价格走势的心理性因素基本上仍相同。

定理三：主要的空头市场。

主要的空头市场是长期向下的走势，其间夹杂着重要的反弹。它来自各种不利的经济因素，唯有股票价格充分反映可能出现的最糟情况后，这种走势才会结束。

空头市场会历经三个主要的阶段：第一阶段是市场参与者不再期待股票可以维持过度膨胀的价格；第二阶段的卖压是反映经济状况与企业盈余的衰退；第三阶段是来自健全股票的失望性卖压，不论价值如何，许多人急于套现至少一部分的股票。在《K量三态分析方法》中，第一阶段是获利盘的技术性卖出，第二阶段是空头市场形成后的长期市场低迷和下跌，第三阶段是市场恐慌性的心理杀跌。

空头市场开始时，随后通常会以偏低的成交量"试探"前一个多头市场的高点，接着出现大量急跌的走势。所谓"试探"，是指价格接近而绝对不会穿越前一个高点。"试探"期间，成交量偏低显示信心减退，很容易演变为"不再期待股票可以维持过度膨胀的价格"。

经过一段相当程度的下跌之后，突然会出现急速上涨的次级折返走势，接着便形成小幅盘整而成交量缩小的走势，但最后仍将下滑至新的低点。

空头市场的中期反弹，通常都呈现颠倒的"V形"，其中低价的成交量偏高，而高价的成交量偏低。

空头行情末期，市场对于进一步的利空消息与悲观论调已经产生了免疫力。然而，在严重挫折之后，股价也似乎丧失了反弹的能力，种种征兆都显示，市场已经达到均衡的状态，投机活动不活跃，卖出行为也不会再压低股价，但买盘的力道显然不足以推升价格。

定理四：主要的多头市场。

主要的多头市场是一种整体性的上涨走势，其中夹杂次级的折返走势。在此期间，由于经济情况好转与投机活动转盛，所以投资性与投机性的需求增加，并因此推高股票价格。多头市场有三个阶段：第一阶段，人们对于未来的景气恢复信心；第二阶段，股票对于已知的公司盈余改善产生反应；第三阶段，投机热潮转炽而股价明显膨胀——这阶段的股价上涨是基于期待与希望。

多头市场的特色是所有主要指数都持续联袂走高，拉回走势不会跌破前一个次级折返走势的低点，然后再继续上涨而创新高价。在次级的折返走势中，指数不会同时跌破先前的重要低点。

多头市场的开始，以及空头市场最后一波的次级折返走势，两者之间几乎无法区别，唯有等待时间确认。

多头市场中的次级折返走势，跌势通常较先前与随后的涨势剧烈。另外，折返走势开始的成交量通常相当大，但低点的成交量则偏低。

定理五：次级折返走势。

就此处的讨论来说，次级折返走势是多头市场中重要的下跌走势，或空头市场中重要的上涨走势，持续的时间通常在三个星期至数个月；此期间内折返的幅度为前一次级折返走势结束之后主要走势幅度的 33%~66%。次级折返走势经常被误以为是主要走势的改变，因为多头市场的初期走势，显然可能仅是空头市场的次级折返走势，相反的情况则会发生在多头市场出现顶部后。

次级折返走势是一种重要的中期走势，它是逆于主要趋势的重大折返走势。判断何者是逆于主要趋势的"重要"中期走势，这是"道氏理论"中最微妙与困难的一环。

判断中期趋势是否为修正走势时，需要观察成交量的关系，走势在归类上确实有些主观成分，但判断的精确性却关系重大。一个走势，究竟属于次级折返走势，还是主要趋势的结束，我们经常很难，甚至无法判断。

价格的变动速度是另一项明显的特色，相对于主要趋势而言，次级折返走势有暴涨暴跌的倾向。

次级折返走势不可与小型折返走势相互混淆，后者经常出现在主要与次要的走势中。小型折返走势是逆于中期趋势的走势，持续的期间不超过两个星期。它们对于中期与长期趋势几乎完全没有影响。然而，小型折返走势与次级修正走势之间的差异未必非常明显，这也是"道氏理论"中的主观成分之一。

定理六：道氏理论重要的原则指数确认。

道氏理论告诉我们，市场包融消化一切，蝴蝶效应告诉我们事物是普遍联系的。两种指数必须相互确认。指数确认是道氏理论中最重要的原则之一，在我国是上证指数和深成指数。只有两种指数的相互确认，也就是呈现出相同或相近的波动时，趋势才能被确认。而单一指数的行为并不能成为趋势反转的有效信号。相互印证的结果就是指向事物的本质，技术分析水平不行，对宏观经济的分析也不行，这样子做股票是不行的。政策不是万能的，不应在政策上下注。用道氏理论观察市场趋势时，压根儿就没有政策选项。

以道氏理论为基础的晴雨表分析，我们发现，一条平均指数的"线"（在足够长的时间内，在正常的交易量下，连续的收盘价在一个狭窄的范围内波动）肯定暗示着囤积行为或抛售行为，而且一旦平均指数的运动超出这条线（上升或下降），可以确定地认为市场运动的方向将出现次级甚至基本的变化。

道氏理论系统性地阐述了指数或股价波动的趋势原理，为后来者建构起技术分析的基本依据，并成为趋势投资的理论经典。后人无论如何升华和发挥皆不出其基本原理。股市技术分析经典波浪理论、道氏理论、江恩理论、K线理论中，波浪理论长于形态，道氏理论长于趋势，江恩理论长于时间空间，K线理论长于局部多空变化。

在笔者20多年的投资实践中，从经典理论中吸收核心原理，在市场实战中反复验证、对比、提取、不断升华，形成了《K量三态分析方法》、《乾阳趋势位置与结构》、《主力控盘盈利模式》、

《时空推动分析理论》。

《K 量三态分析方法》由价格和量能变化入手，通过对形态位置、趋势结构中一段 K 量组合形态的分析，研判市场参与者的投资心理，洞察分析个股或指数变化中主力操作意图的分析方法。《K 量三态分析方法》是对 K 线理论在具体实践应用中的升华与完善。

在乾阳趋势位置与结构原理中，笔者把中国传统哲学《周易》思想导入西方股市投资经典的波浪理论和道氏理论，实证了市场运行的自然法则，从操作层次上定义了趋势位置，描述了市场趋势推进中的市场心理，明确了不同趋势阶段的市场方向和操作策略。

在市场趋势面前，我们只能是一个趋势的推动者，在趋势的研究上借助中国传统文化《周易》原理，对趋势位置、趋势演变过程进行推导，发现其与波浪理论和道氏理论的核心思想相合若契，殊途同归！而中国的"波浪理论"、"趋势理论"足足比西方早了几千年！如果引用时间并利用时空推动方法研判股市更是比江恩理论博大精深并且精准得多。

《周易》是中国哲学思想的源头，也是中国文化和中华文明的源头，是中国传统思想文化中自然哲学根源，是华夏五千年智慧与文化的结晶，被誉为"群经之首，大道之源"。在《周易》思想完善和发展中，孔子及后世对《易经》的解读与诠释颇具创造性，使《周易》成为一部思想深刻、体系完整的哲学论著。

《周易》中的太极思想与阴阳观点客观准确地反映了股市的属性。在《周易》之《乾》中定义并描述了乾阳牛市产生发展的各个阶段及过程，《坤》中推演了坤阴熊市的发端、过程、结束。

（一）太极阴阳与股市 K 线阴阳的导入

下面笔者用基本时空原理对股市规律做一最基本的揭示。"阴与阳"是事物内在的两种属性，在传统文化 《易经》中有一个相互环抱的图案，其中包含了深刻的哲学思想。

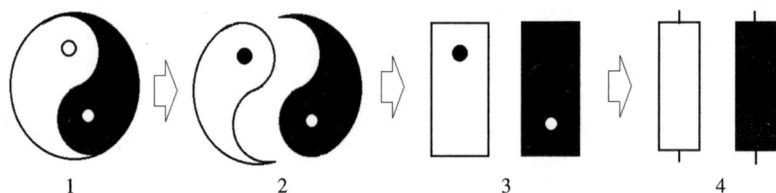

图 3-2　阴阳属性与股市涨跌推导过程

图 3-2(1) 中的一个圆可以代表一个相对独立的事物 （股市），图 3-2(2) 的黑代表事物内部阴性的物质 （空头市场即熊市），白代表事物内部阳性的物质 （多头市场即牛市）。

图 3-2(1) 又反映了事物内部的四种关系：阴阳的相对 （熊市与牛市的对立）、阴阳的互根 （熊市与牛市的相互依存，牛市中也有短期下跌，熊市中也有短期反弹）、阴阳的消长 （熊市下跌末期即是牛市慢慢的酝酿、牛市的最后疯狂也是熊市即将开始）、阴阳的转化 （熊市与牛市的转换、牛市熊市中的调整）。用现代几何法进一步推导可以得出多空变化图 3-2(4) 最后的 K 线形态。

（二）八卦结构与八浪形态的导入

图 3-3 所示为《周易》中的八卦结构与顺序。从取象思维看，

八卦除本身具有阴阳属性、五行属性，其本身就是自然最基本的形态之一。"太极生两仪，两仪生四象，四象生八卦。"乾、兑、离、震属于阳，而阳中亦有阴，即牛市过程中的调整。巽、坎、艮、坤属于阴，而阴中亦有阳，即熊市中的反弹。

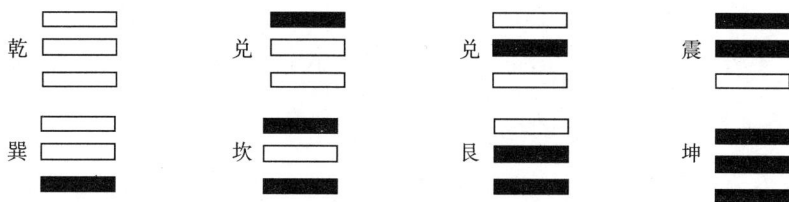

图 3-3 八封结构与顺序

图 3-3 在保持顺序不变的情况下，做一个排列变化得出图 3-4。

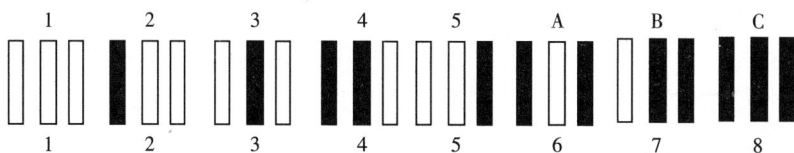

图 3-4 排列变化

图 3-4 如果根据涨跌规则做一连续的运动将呈现下面的八浪结构。

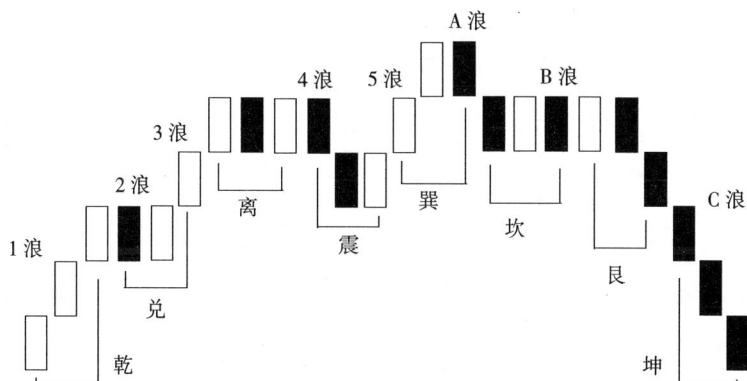

图 3-5 股市波动 K 线形态与八封及波浪示意图

从图 3-5 中我们可以清晰地看到一个完整的基本八浪形态。艾略特的波浪理论最大贡献莫过于他发现了本属于人类经济活动之一——股市的自然属性，极大地拓展了人类研究股市的思考范围与思考高度。波浪理论却又局限于对"形"的辨识和解读，虽然其理论内部又吸纳了大量数学的计算，试图对波浪进行定性与定位，但在"浪的无限循环"、"浪中有浪"里很难让人找到一个具有很强操性的判定依据。

在中国哲学思想《周易》里，八卦除包含高度的哲学思想外，其本身也代表事物发展变化中的"浪"。从刚才推导中我们清晰发现，艾略特定义的基本浪是一个八浪循环结构，而在"八卦浪"里这个基本浪又可以由八个更细微的乾、兑、离、震、巽、坎、艮、坤构成，从这个意义上可以认为"八卦浪"要比艾略特的基本浪更精微。

我们根据排列组合方法进一步变化"八卦浪"，"八卦浪"相重则构成"八纯浪"，即新的八个浪。"八卦浪"相互组合则又构成新的"五十六浪"，至此有了"六十四浪"。如引入"动变"则有"四千九十六浪"，如引入"时空"则产生无法胜数的"八卦浪"。由此可见，在对事物性质的研究上"八卦浪"不是停留在形态的表象，而是在其建立的庞大时空体系里，对事物的判断更本质、更微观。"八卦浪"包含股市但又不仅仅是股市，它成为多学科借鉴思考的一种智慧。

同时也说明了艾略特波浪理论经典之处，即形的层次上，提取纷繁形态波动中最基本的八浪结构，建立起循环往复的理论体系，使其具有了较好的运用基础。

（三）趋势位置与趋势过程的导入

我们从图 3-6 太极图开始。

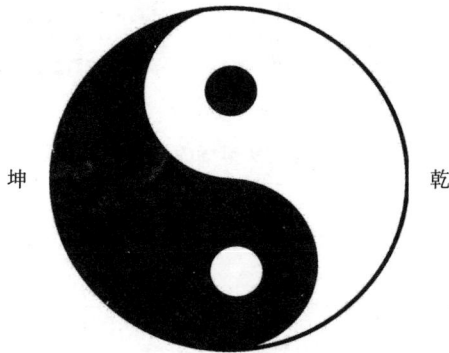

坤　　　　　　　　　　　　　乾

图 3-6　太极图

图 3-6 太极阴阳中推导出坤阴，在短周期中是一根下跌的 K 线，在中级趋势中则是下跌波段或下跌浪，长期趋势则是一轮熊市。乾阳，在短周期中是一根上涨 K 线，在中级趋势中则是上涨波段或上涨波浪，在长期趋势中则是一轮牛市。

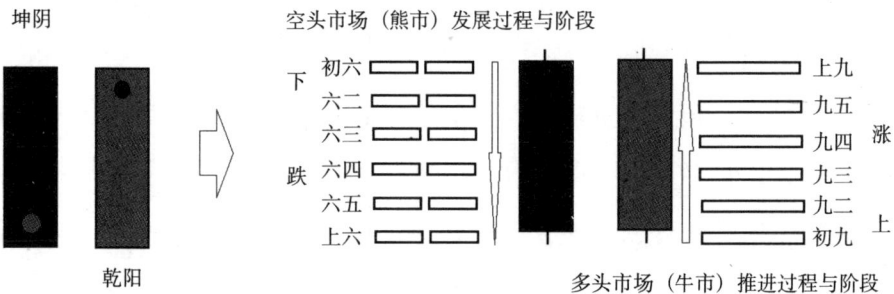

图 3-7　坤阴与乾阳

接着图 3-7 继续推导，坤阴乾阳变化周而复始，熊市到牛市，牛市与熊市周而复始。

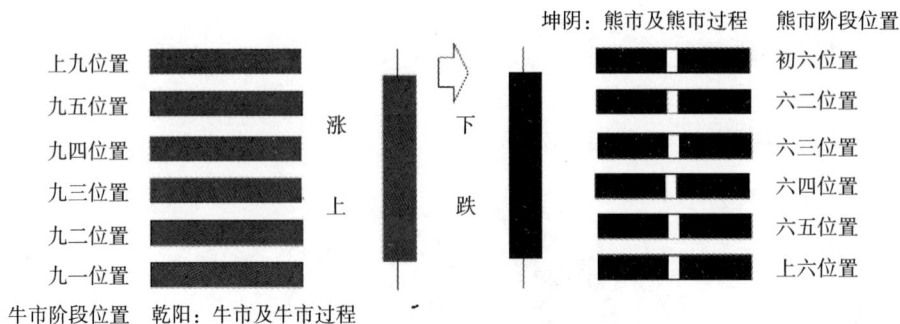

左侧（从上到下）：上九位置、九五位置、九四位置、九三位置、九二位置、九一位置

中间：涨 上 跌 下

右侧坤阴：熊市及熊市过程　熊市阶段位置

初六位置、六二位置、六三位置、六四位置、六五位置、上六位置

牛市阶段位置　乾阳：牛市及牛市过程

图3-8　多头市场与空头市场的运行过程与阶段位置

在图3-8中呈现了股市运行的全部过程阶段。

在《周易·乾》中对乾阳的位置阶段、发展变化、结果方向及其内在的机理进行了详细的描述，笔者经常品读这段文字，体悟几千年的东方哲学智慧，为之深深叹服！

九一曰："潜龙勿用。"潜龙勿用，阳在下也。龙德而隐者也。不易乎世，不成乎名。乐则行之，忧则违之。

虽然指数经历长期下跌，空头力量得到充分释放，个股绝大多数跌到价值投资区域，整个市场市盈率处于极低状态，很多个股跌到净资产附近，甚至跌破净资产，市场进入熊市末期，一些产业资本或价值投资者逐步介入，市场交投慢慢活跃，指数和个股开始上涨。但人气的恢复还需要一个过程，推动市场上涨的力量还较弱，指数依然在强大的空头压制下。此时的投资策略是等待多头力量的积聚，坚定自己的判断，不为市场纷乱的声音所动摇，更不能为得到别人的认同而贸然行事。应顺应市场的变化，出现足够强的市场热点时入场交易，而在无法把握时仍需离场观望。

九二曰："见龙在田，利见大人。"见龙在田，德施普也。

推动上涨的力量足够强大，指数已经突破空头压制出现在均线上方，前期活跃的热点在龙头个股的带领下，攻城略地出现强有力的趋势性上涨，这种热点效应不断扩散，吸引更多的资金进场，至此掀开了一轮轰轰烈烈的牛市大幕。

九三曰："君子终日乾乾，夕惕若厉，无咎。"终日乾乾，反复道也。知至至之，可与几也。知终终之，可与存义也。是故，居上位而不骄，在下位而不忧，故乾乾。因时而惕，虽危而无咎矣。

市场热点有序切换，人们在获利吸引下不断投入股市，对于涨多的个股，投资者也比较谨慎主动获利了结，新进资金承接较强。市场虽然不断上涨但都保持着冷静的投资态度，换手比较充分，有些个股出现主动调整，并且调整幅度较深，看似有一定风险，但市场方向是上涨的，最终还是能够获利。

九四曰："或跃在渊，无咎。"或跃在渊，进无咎也。上下无常非为邪也。进退无恒，非离群也。重刚而不中，上不在天，下不在田，中不在人。或之者疑之也，故无咎。

前期不断上涨让投资者慢慢坚定了牛市思维，也由于持续上涨，很多个股都有了翻倍涨幅，前期热点龙头个股更是出现几倍的上涨。市场虽然换手充分，但也积累了大量获利盘，同时指数或个股也回到熊市以前的重要高点。在多重抛压之下，有的个股选择突破前高走势，有的则选择主动调整。短期走势上，多空反复震荡，涨跌无常，让投资者焦躁不安，但在这种多空分歧的时候，市场是没有大的风险的。

九五曰："飞龙在天，利见大人。"飞龙在天，大人造也。

同声相应，同气相求；水流湿，火就燥；云从龙，风从虎。本乎天者亲上，本乎地者亲下，则各从其类也。

市场经过充分调整蓄势，积聚了强大上攻能量，前期大幅上涨的热点板块在龙头个股带动下集体上涨，板块特点明显，热点切换有序，指数出现多头连阳上攻走势，良好的走势及个股盈利效应不断扩散，吸引了更多场外资金投入股市，这段时光是股民最美好的时光，重仓持股每天都能看到财富不断地增长。新入市的投资者根本不知道市场会有风险，买股票就能获利，所有人都感觉股市获利太容易了。这个时候机构和有经验的投资者在不断高涨的市场人气下，开始考虑减少自己的投资了。

上九曰："亢龙有悔。"亢龙有悔，盈不久也。贵而无位，高而无民，贤人在下而无辅，是以动而有悔也。

整个市场几乎都沉浸在狂热之中，即使机构和有经验的投资者减仓，发现其后如此凌厉上涨，心理也有一丝悔意，甚至怀疑自己是不是误判了行情发展。个股与指数出现了加速性上涨，一些领涨个股的价格已经直接挑战投资者心理，媒体股评积极看多，并且发明很多极富煽动性的"口号"。新入场的投资者更是不问基本面如何，谁涨追谁，越是亏损个股涨得越厉害，概念和消息漫天飞，这种虚高的炒作情况根本不可能维持太久。市场极度亢奋中风险也一步步逼近，股价高高在上已经远远脱离了价值支撑，散户热情跟进，机构和理性投资者除了抛售外已经不敢买入，即使基本面很好的股票市盈率也已经高企，一旦市场掉头大量获利盘加上追高的止损盘涌出，市场根本无法承接。

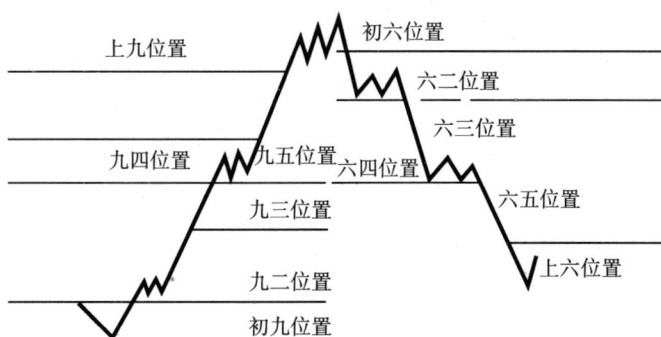

图3-9　例图

《周易·乾·象》曰：天行健。君子以自强不息。

《周易·坤·象》曰：地势坤。君子以厚德载物。

顺势而为是所有投资者追求的最高境界！也是投资的最高修为！牛市中自强不息、刚强劲健、积极进取、有所作为。熊市中坚守和顺的德性，"直方大，不习无不利"。

初六　履霜，坚冰至。《象》曰：履霜坚冰，阴始凝也。驯致其道，至坚冰也。

市场经历上九亢奋上涨，必然"有悔"。此时，经验投资者要么空仓观望，要么只是少量参与，指数此时虽然还在高位，但很多个股已经上涨乏力。高位巨阴出现的时候，就像一场寒霜，预示着阴气开始凝结，越来越多投资者感受到这阵阵寒意离场时，指数就会加速下滑，市场走向了坚冰的冬季。

六二　直方大，不习无不利。

六三　含章可贞。或从王事，不成有终。

"直方大"、"含章可贞"都是德行的修养，于股市也是我们必须修炼的投资素养。直方大就是坤之性，顺承的品德。市场此时的投资策略就是顺承熊市的下跌，追求"不习无不利"、"不成

081

有终"的结果。

六四　括囊，无咎无誉。《象》曰：括囊无咎，慎不害也。

市场经过较长时间下跌，很多人被套高位或套在六二、六三的反弹中。多数个股都已经上涨了一半，有些个股价格甚至回到牛市前的位置，场外空仓资金已经忍不住时间的煎熬，在技术位置跃跃欲试准备抄底。但是市场的大势不是一朝一夕能扭转的，也许在重要技术位置会有较强反弹，但是这个时候只适合历经市场磨砺的短线高手，对于绝大多数投资者来说，最好的策略依然是，保持平静的心态，收紧自己的口袋，做一个"无咎无誉"者，在熊市中保持谨慎并顺承坤势是没有坏处的。

六五　黄裳，元吉。

前面采取"括囊"的策略，果"慎不害也"，六五位置市场出现崩溃式的心理杀跌，这个时候需要我们依然保持内心的谦恭，顺随市场才能获得最大的吉利，等到市场真正大底形成。

上六　龙战于野，其血玄黄。《象》曰：龙战于野，其道穷也。

空头走到了穷途末路，市场进入真正的底部区间，但是多空争夺互不相让，"龙战于野"争夺极其惨烈。奇正变化无穷，奇正为形，形而为势。在熊市末期通过奇正的识变，夺势之先机，才真如用六《象》曰：用六永贞，以大终也！

市场中，无论机构还是个人都是市场趋势的推动者。本书的第二章给予了具有雄厚实力的私募机构做"合规任势"者的建议，强调积极有为的投资策略，任势而变，做形造势引导市场的发展。客观上是强调了"人"的因素，站在市场更高层次其背后依然是对大势的理解和顺承。"夫'大人'者，与天地合其德，与日月合其明，与四时合其序与鬼神合其吉凶。 先天下而天弗违，后天而奉天时。天且弗违，而况於人乎？况於鬼神乎？"

二、趋势调整与调整结构

指数与个股连续上涨，一是积累了大量获利盘，二是上涨到前期重要位置，大量套牢盘形成较强的抛压。这个时候指数与个股需要通过多空换手进行趋势的调整。从交易角度论，调整就是多空短暂的平衡，随之市场会再次选择方向，要么维持趋势继续发展，要么成为短期高点形成趋势转折。还有一种更为复杂的博弈即多空都成为被杀对象，在打破原有趋势中以层次跃进的方式完成由低级别趋势到高一级趋势的过渡。

趋势调整有以下几种方式：

（1）强势星线调整；

（2）K量均线调整；

（3）K量横盘调整；

（4）双触线调整；

（5）层次跃进调整。

强势星线调整主要出现在短期热点龙头个股或牛市中热点板块中。趋势以非常凌厉地涨停及连续阳线展开，连续的大涨积累了大量获利盘，同时也吸引了巨大的短线资金跟风，有力的承接和换手加之部分持股者的惜售，股价在强势线上连续上攻，期间的调整往往以强势震荡星线完成。如图 3-10 所示。

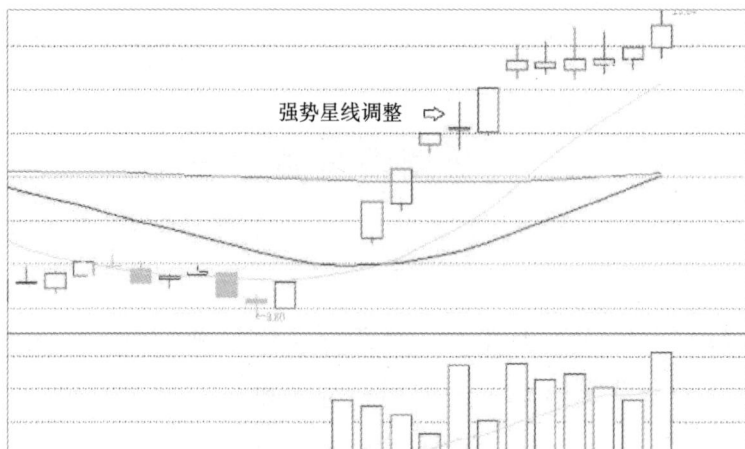

图 3-10　强势星线调整

强势星线出现在凌厉上涨趋势里，通过一个快速震荡进行换手，依旧沿着趋势的惯性上涨。很多短线高手善于在这种极端行情下，利用市场调整之机果断操作。对于一般投资者来说未必能够驾驭，其潜在的波动复杂性很难控制。由于前期大幅的上涨，单日强势星线有可能是横盘调整的小高点，也可能是深幅周线调整的开始，即使强势星线后股价再次连续上涨，但其作为趋势调整位置也已经揭示股价趋势的即将结束。

K 量均线调整经常出现在熊市末期，市场长期低迷维持横盘或箱体走势。由于重大利好消息及基本面预期改变，机构资金大幅推高建仓，并利用前期被套资金的平仓盘及短线跟风资金的获利盘快速打压股价，使股价回落到趋势 10 均线附近。由于股价回踩均线，前期踏空资金急于回补，股价在多种合力的推动下放量连续上涨，形成牛市的趋势行情。如图 3-11 所示。

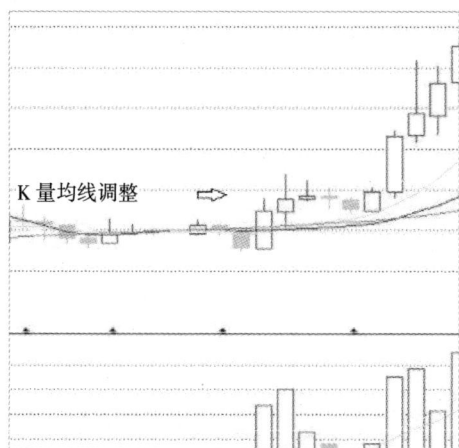

图 3-11 K 量均线调整

K 量均线调整也容易出现在市场趋势 5 浪之后，经过连续上涨指数或股价出现严重超买状态，市场累积了大量获利盘。一旦市场掉头，在大量低成本获利盘的抛压下，指数和股价快速下跌由单阴直杀趋势 10 均线，较急的下跌甚至连机构也不能全身而退，他们会主动低位回补积极制造反弹，也有前期出局资金再次抄底的意愿形成反弹共识，但除了个别股能够再次出现凌厉的突破上涨外，基本上市场确立了一个牛市的顶部区间。所以，此时的 K 量均线严格意义上，只能是调整到均线之后的上涨预期。

K 量横盘调整往往出现在波段行情九二位置和牛市行情的九二位置及九五位置。它依托趋势均线通过清晰的多空博弈达到充分调整形成价格趋势共识，推动趋势的发展。如图 3-12 所示。

K 量横盘调整表现的是多空在趋势中的一种短暂平衡，在波段趋势和牛市趋势中，它是把握趋势介入机会提高投资效率的利器。也由于它表现了多空的一种短暂平衡，所以在波段趋势或下跌市场中，又往往成为波段转折的标志或复合性波段的头部，这

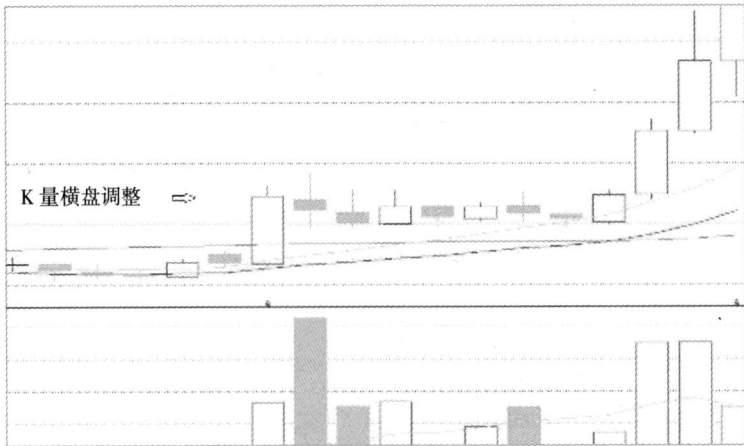

图 3-12　K 量横盘调整

个特点也被市场投资高手视为衡量市场性质的坐标形态。

　　双触线调整多数是在牛市过程中，一些机构推高建仓后，由于市场大环境已经变化，牛市初期的低位多空分歧演变成了场外资金积极进场的牛市。每有获利盘抛出总是被进场资金承接，在这种市场背景下主力只能采取被动持仓，静待股价逐步走高与换手，当股价出现放量滞涨或跟风盘不足的时候，主力会借指数调整之机快速完成调整。如图 3-13 所示。

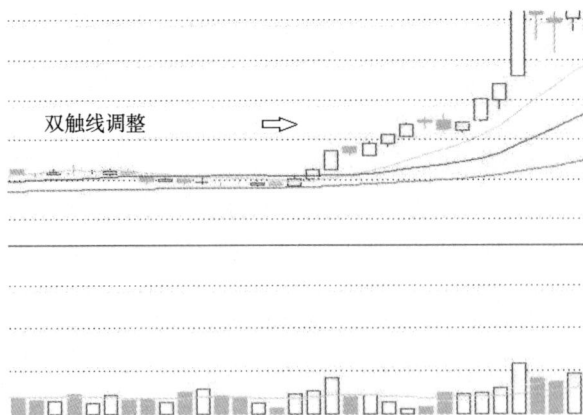

图 3-13　双触线调整

双触线调整的核心是市场心理在趋势中的表现，在强趋势下价格上涨一气呵成。由于没有经过较明显的调整，再经历大幅上涨后，一旦出现急剧放量和上涨停顿的小阴线，大量获利盘集中抛出，往往会形成较长时间无法突破的顶部。

层次跃进调整主要是在牛市背景里，个股维持不断上行趋势，除了一些短线资金进进出出外，大量中长线资金在获利情况下，持股心态比较稳定不愿出局。同时，由于不断震荡上行，在没有清晰调整下没有更多的资金高位积极介入，尤其再出现横向调整后缺少资金的积极介入，这个时候往往需要一个更大级别的调整改变趋势层次，从而得到市场资金的认同，转而再次推动股价上涨。如图 3-14 所示。

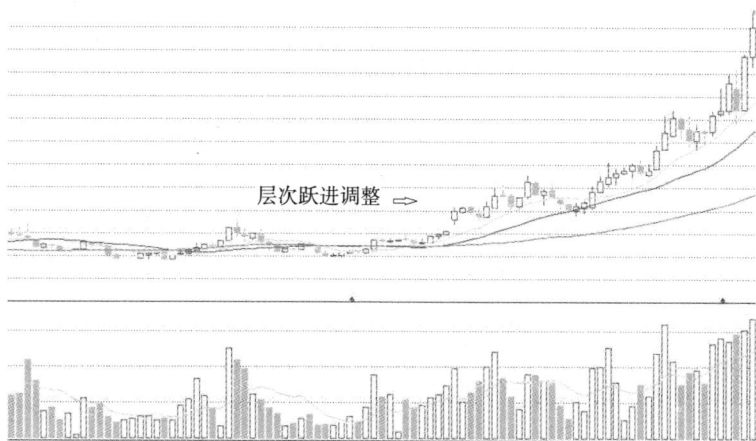

图 3-14 层次跃进调整

层次跃进调整 K 量形态和调整结构表现了当时的投资氛围，同时也表现了趋势级别和调整之间的关系，成为趋势调整的一个重要调整形态原理。不久前，在一次期货圈的投资交流论坛上，南华期货研究所研究员用很长时间和与会者深度交流了这种调整结构，他用主力博弈原理揭示了这种称之为"双杀结构"的形态，意为主力利用资金优势对多头和空头进行绞杀后推出新的行情。虽然说法不一，但殊途同归。

趋势调整万变不离以上几种结构和原理。在实际操作中，我们的操作原理必须简单、明了、清晰、可操作性强。这里会有很多初学者的疑问，因为在很多投资著述中，讲的调整多是形态调整，关于趋势调整，这是笔者第一次公开论述。

就调整而言，又可分为趋势调整、形态调整、K量调整等，而趋势调整是趋势投资者制胜之法宝！这里不再赘述。笔者相信有着丰富投资经验的专业投资者，如果有一天悟透这其中玄机，定会发出"原来投资就这么简单"的感叹！

三、市场顶部和底部的形成

中国股市的顶部和底部是不一样的，无论牛市也好或大的波段行情也好，中国股市顶部多以趋势均线结构形成顶部逆转，而底部的形成多以复合底部出现。这里所说的市场，需要个股与指数综合地看，指数最重要但不能单一看指数，而要分析市场中绝大多数板块和个股。

大家都知道，股市牛短熊长，熊市漫漫往往有跨度 3~5 年的低迷，牛市总是如风驰电掣，来去匆匆！

股市 2001 年 7 月由上涨转为下跌，经过长达 4 年的下跌，直到 2005 年 6 月在股改政策推动下，总算开启了一轮迄今为止中国股市最大的牛市，指数从破掉 998 点起步到 6124 戛然而止，牛市时间仅仅是 2 年 4 个月。从 998 最低点开始到真正牛市开始，光底部就用了半年时间，6124 由牛转熊仅仅一个月而已！如图 3-15 所示。

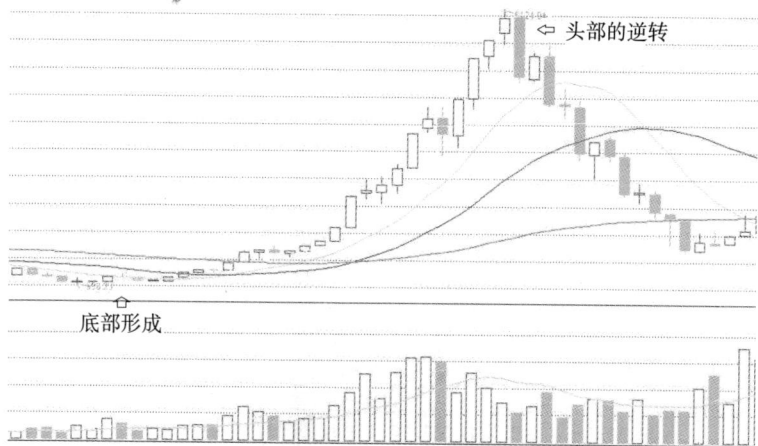

图 3-15　上证指数月线

指数从 2009 年的反弹高点 3478 跌到 2013 年的最低点 1849 用了 4 年时间。2014 年 7 月到 2015 年 6 月为 5178 点，疯狂的牛市仅仅用了 1 年时间。从最低点 1849 开始到真正的牛市启动，底部用了整整一年，从 5178 点断崖而下仅仅几天而已，即使把整个反转过程都算上也不过 1 月而已。如图 3-16 所示。

股市底部形成和上涨行情头部的逆转为何有此区别？单纯市场技术原因分析有以下几点：

（1）投资者结构问题。中国人口基数大，股市作为大众投资品种，几乎没有门槛限制，所以在投资者结构中散户最高。而散户在投资中跟风效应最为明显。

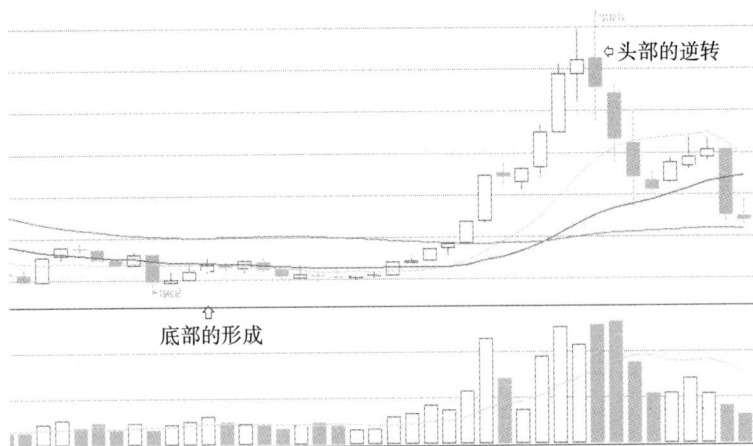

图 3-16　上涨指数月线

（2）股市深层次问题。过分强调股市融资功能，忽视投资者利益；上市公司很少分红或根本不分红；新股发行机制提前透支了上市公司的价值；等等。股市不具有长期投资价值。

（3）市场现象与市场心理的相互强化。股市暴涨暴跌强化了投资者的预期心理，一旦市场转势资金便迅速抽离。而市场走强则需要靠市场逐步的活跃与盈利效应的慢慢扩散，吸引更多资金不断入市才能形成牛市。

（4）中国股市性质为资金推动型市场。这种市场的特点就是牛短熊长，底部形成时间长，顶部转势迅速。

（一）市场顶部的形成

一轮牛市或一轮较大的反弹行情的结束，往往有两种信号：

（1）突发集体恐慌性暴跌；

（2）连续下跌破 20 周线。

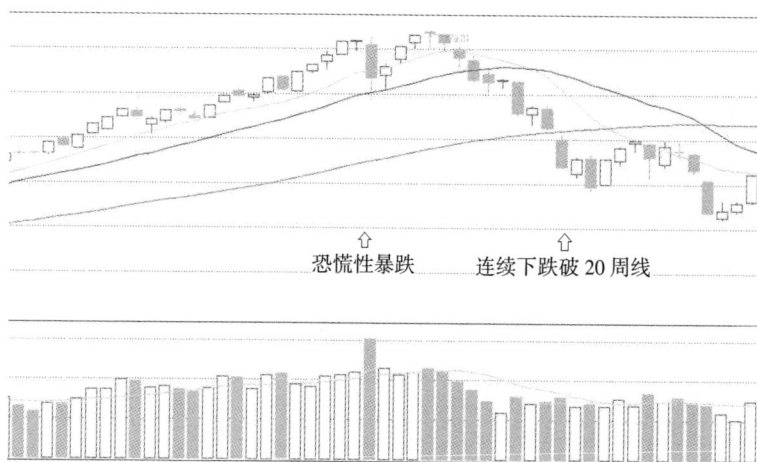

图 3-17　上证指数 2009 年 7~9 月日线走势

　　图 3-17 是上证指数 2009 年反弹行情结束阶段的日线走势。2009 年 7 月 29 日指数在招商银行的带动下，出现大跌走势，前期获利资金和短线资金夺路而逃，当日跌幅达 5%，盘中一度下跌 7%！经历这次下跌市场持股心态大幅松动，其后虽有反弹再创高点，但是前期获利盘则已经开始了战略性减持。市场预期一旦发生变化，指数很快跌破周线的 20 周均线并收于下方，由此确立了震荡或熊市的开始。

　　我们再分析一下 2015 年 6 月的暴跌和顶部形成过程。如图 3-18 所示。

　　2015 年 5 月，上证指数连续八连阳后，5 月 28 日出现集体暴跌，指数当日暴跌 6.5%，绝大多数个股跌停。第二天再次出现大幅的恐慌性下杀，虽然由强劲的短线抄底资金把指数再次拉起，但市场持股心理已经完全松动，一些先知先觉的机构开始战略出局。由于当时市场牛市氛围极其浓烈，6 月 4 日市场再次出现盘中剧震依然被入场资金承接，成交量依然能创出新高。但是

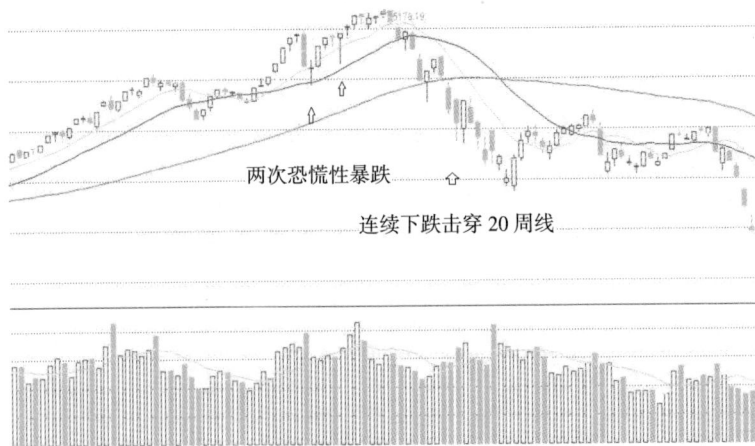

两次恐慌性暴跌

连续下跌击穿 20 周线

图 3-18　上证指数 2015 年 5~8 月日线走势

两次剧烈震荡带来的市场预期是无法扭转的，其后在大量资金出局下，指数快速下跌引发杠杆资金的爆仓，即使在政策强力救市下也无法阻挡暴跌！

连续暴跌在击穿周线 20 周均线后，也由于短期下跌幅度过大，下跌速度过快，终于迎来了指数和个股的反弹，但是市场趋势已经改变，牛市已经远远离去，熊市之路遥遥无期！

一轮牛市或较大的反弹行情结束以投资者心理的集体恐慌和均线趋势的改变为依据。那么较小的反弹或波段行情结束又是怎么形成的呢？简而言之，是以周线或日线暂时性多空平衡状态形成的。当我们把握了分析市场的核心后，复杂行情背后，都有着清晰的脉络，让我们做出正确和客观的判断，这是技术分析在市场中最大价值的体现！

（二）市场底部的形成

市场顶部形成往往具有集体一致性，而底部的形成往往有分歧性。这是因为在市场下跌过程中或市场底部区间，短线资金总是活跃在局部热点中。市场逐步活跃、底部不断抬高、形态逐步走好，场外资金慢慢参与进来，最后成为较大波段行情或牛市行情。随着行情持续上涨，参与市场者多数获利，一旦市场出现恐慌性暴跌，导致投资者市场心理预期的改变，在盈利情况下往往较为一致地选择出局观望，以至于出现头部逆转往往比底部形成更清晰、更快。

就技术而言，底部形成可以从量、走强、形态多空、K量均线几个方面分析判断。

从资金角度看待股市，可以把牛市看成资金不断进场的过程，熊市即是资金不断抽离的过程。在熊市中，指数和股价不断创出新低，成交持续低迷，当指数或个股在月线及周线上突然量能大幅放大到平均量的 3~6 倍，往往说明指数或个股跌到重要投资区间，机构资金大幅进场，这个区间成为底部的可能性极大。如图 3-19 所示。

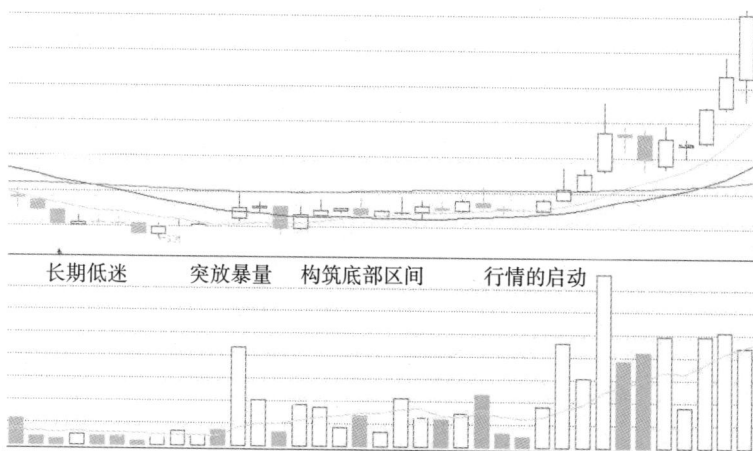

图 3-19　分析一

从图3-19可以看到，股价长期下跌，成交量持续低迷。突然出现成交量巨幅放大，其后股价没有再创新低，而是维持在一定区间，构筑了一个相当长的底部，其后行情启动，股价连续走高。

走强在短周期中是作为一种交易信号使用，长期下跌之后，出现力度长阳突破多层均线压制，也是一种转势信号。力度长阳出现，大多都是由量推动而起，所以走强和放量是一对孪生兄弟。这里把走强单独看成是底部形成的重要原因，只是视角不同。就性质而言，放量是量能原理，走强属于K线或形态原理。由于处于熊市之中，指数或个股第一次放量走强，往往很难推动指数或股价直接上涨，在此位置，往往通过N形或多重N形结构来构筑底部区间。如图3-20所示，股价在第一次放量走强后，由于阳线力度不够，空头趋势还在，股价再次出现破位下行，在第二次放量走强穿越层层均线才确立上涨趋势的开始。从第一次走强到第二次走强以一个弱N形结构完成。

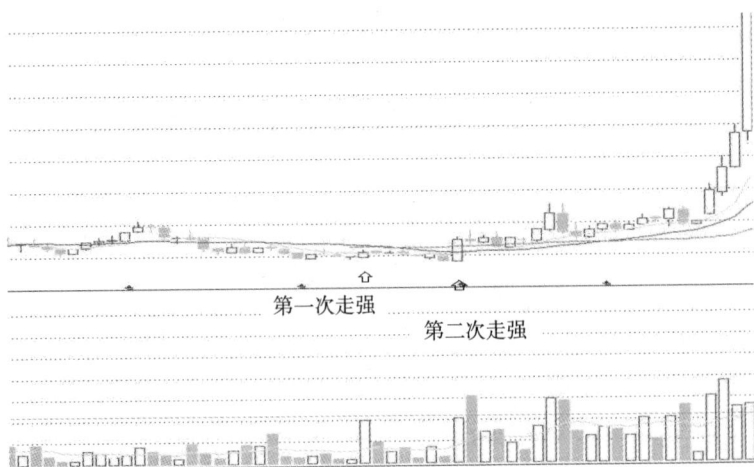

图3-20 分析二

另外，走强在非趋势震荡中或者逆大趋势中，由于多空处于短暂的平衡状态，作为形态穿越并不一定确定股价其后上涨。视其下跌阴线的推动性质，或作为大趋势中的反抽，即使突破均线压制却成为具有诱多性质的下跌开始。形态穿越在空头市场或弱势中谨慎用之！如图 3-21 所示。

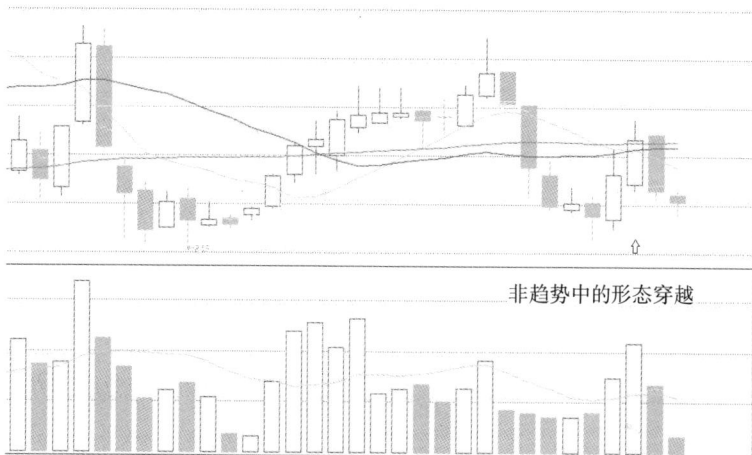

非趋势中的形态穿越

图 3-21　分析三

形态多空是以 N 形结构反复构造，N 形结构在形态中又称 W 形态。在较长下跌趋势中，由于股价与筹码重心分散地分布在趋势中，必须通过低位多空震荡，使筹码和重心于低位处于稳定状态，所以我们看到经典 W 底有时并不能推动和维持趋势，而是用复折结构构筑坚实的底部区间，从而推出趋势行情的产生和发展。如图 3-22 所示。

由上面分析看到，分析市场底部有三个要点：放量、均线穿越走强、N 形或复折结构。量能、走强与多空三者之间相辅相成。对于较大较急的反弹行情，底部往往以 K 量横盘的 V 形直接

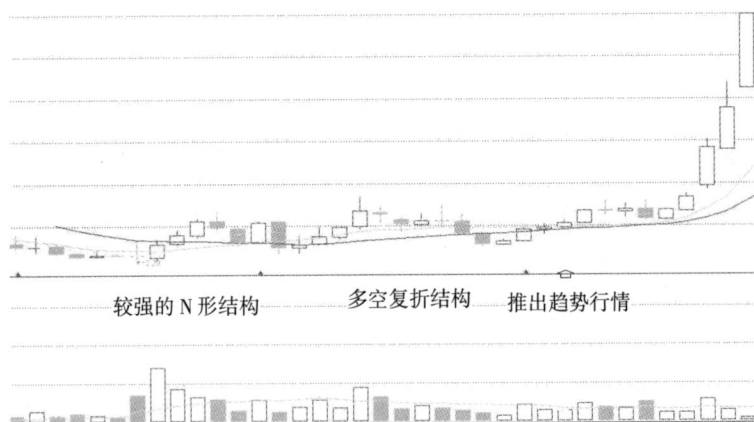

较强的 N 形结构　　　多空复折结构　　推出趋势行情

图 3-22　分析图

展开行情。而有的则用 K 量推出趋势，做多空震荡弱 5 浪后，直接做趋势的加速。

"虽万象之纷纭，须一理而融贯"，K 量、形态、趋势、多空作为市场分析核心原理，无论多么复杂的市场环境走势，万变不出其外，万变不离其宗！

第四章
时势分析基本原理

孙子曰：
　　不战而屈人之兵，善之善者也。兵不顿，
而利可全，此谋攻之法也。

在前几章里，首先论述了私募证券投资的选择，其次阐释了实力机构合规下任势与趋势投资策略。那么对于一些小型私募和较大资金规模的个人投资者，如何研判市场方向、把握个股最佳投资时机，如何做到跟随趋势又能控制风险？我们必须思考以下几个问题：

（1）市场方向、位置与市场阶段；

（2）时机的选择；

（3）趋势与风险控制。

以上三个问题归纳起来就是市场中的"选股"与"选时"。这些问题在本章会融贯性地一一解决。

一、K量形态分析

2007 年的时候，笔者出版了拙著《K 量三态分析方法》，首次提出价、量、形态之间的关系及一段价量形态的意义。K 量形态分析方法的最大贡献是解决了波浪分析中对浪的定性，能够准确定性个股阶段走势性质即推动浪和释放浪。在表象纷繁复杂的股市里，通过 K 量分析准确定义形态所表现的市场实质，化繁为简、清晰直接，更易于实战。下面先从原理上梳理一下。如图 4-1 所示。

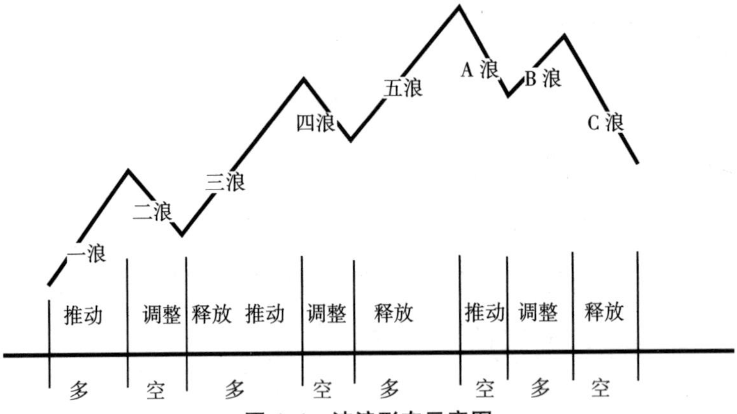

图 4-1 波浪形态示意图

图 4-1 是市场八浪波动示意图，它揭示了市场波动的三个核心原则：

（1）多空表现以上涨和下跌方式交替出现；

（2）上涨通过推动浪—调整浪—释放浪规律运行，下跌通过推动浪—调整浪—释放浪规律运行；

（3）推动浪是因，调整浪是多空力量的对比和变化，释放浪是果。

波浪理论易懂难深，单从形态上去辨识复杂股市现象几乎无法下手。作为经典的波浪理论，高度的原理性才是其不朽之处。在实战运用中，我们把复杂的走势都简化为 N 形三浪结构，那么这个三浪结构是：推动浪—调整浪—释放浪。换句话说，通过一段走势的 K 量形态分析，能够找到和定性为推动浪，其后的机会和方向自然解决，"选股"问题便迎刃而解。如图 4-2 所示。

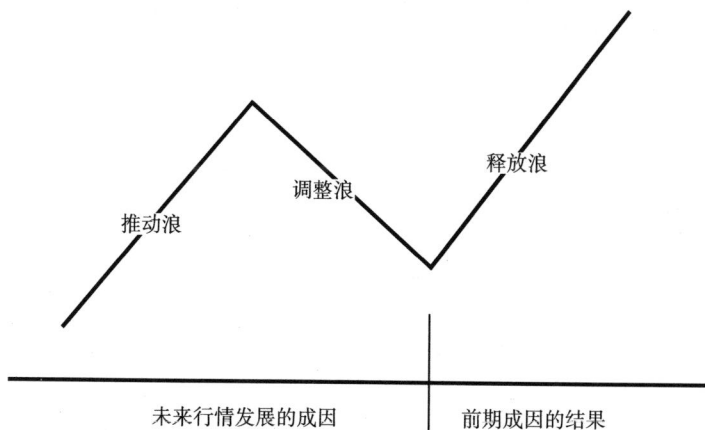

推动浪　　　　调整浪　　　释放浪

未来行情发展的成因　　前期成因的结果

图 4-2　波段 N 形结构原理示意图

在八浪的波浪图中，三浪是释放浪，为什么又是推动浪呢？原理很简单，复杂震荡行情下，多空绝大多数都是通过三浪表现的。有了一浪作为推动浪之因，经过二浪调整后出现三浪作为释放浪的果。在牛市过程中，随着盈利效应的扩散，场外资金纷纷进场买入股票，波段卖出者被新的进场资金承接，自然地，三浪依然是推动浪。如果以庄股原理解释行情三浪的 K 量形态结构，三浪必然表现出增量资金增持的特点，这与 N 形结构原理并不冲突。

K 量形态分析最重要的目的是发现、辨识、定义推动浪的性质。以 K 量定义的推动浪，在波段行情中是波段释放行情之因，在牛市中则是机构大幅建仓之目的。其重要性不言自明。

推动浪在 K 量分析中的形态表现与形态意义：

（1）低位起量；

（2）中部放量、等量；

（3）高位横盘或缩量。

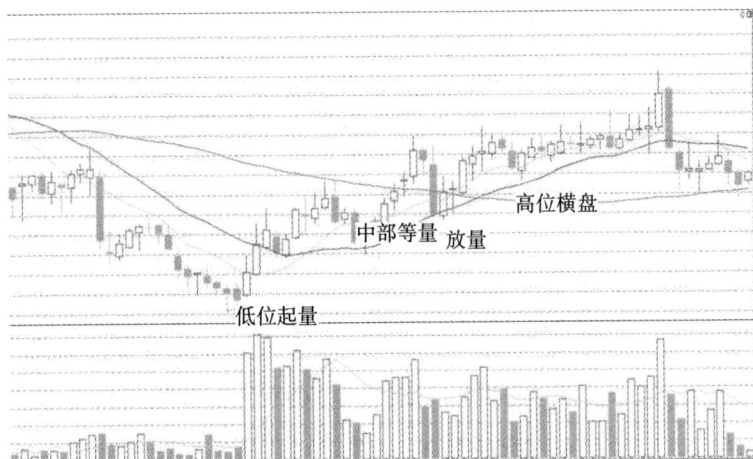

图 4-3　推动浪的 K 量形态表现

图 4-3 是某只股票的一段走势，依据推动浪在 K 量形态分析中的分析要点，可以判断这段走势在波浪性质上属于推动浪，或机构资金大幅建仓形态。在推动浪的高位横盘阶段，在上攻的诱多形态中转而开始了调整，其在 5 元处结束调整，股价直奔 20

多元！

　　K量形态分析的定性作用在波浪原理中得到充分体现，具体操作中，K量分析只有和波浪或趋势结构结合才能发挥出巨大的作用。这在过去的历史上，包括笔者都有着深刻的教训。2000年左右盛行庄家控盘操作，股票无庄不涨，那个时候所谓的投资就是深挖庄股，研究庄家机构建仓为投资第一要务，也是基于这种投资经验和投资逻辑，2010年笔者投资了600584（长电科技）和000559（万向钱潮），当时最大的自信就是对两只股票K量形态的分析，在个股相对的高位依然有以增持为目的的大资金进场。其后的结果证明了一切，随着指数的下跌，两只股票和指数一样一路下跌，好在风控做得到位，在略微亏损的情况下及时撤退。这次失败让我深刻反思了以前投资原理上的重大漏洞，市场投资者结构与投资手段发生巨大变化的时候，尤其2006年之后公募基金得到迅猛发展，他们分散投资、基本面投资的策略，深刻影响了市场上过去的跟庄手法。这些基金以基本面为依据，在不同位置的建仓往往让我们产生误判，以为其后主力必然快速推升股价，现实却是残酷的，基金机构的那种被动价值投资，很多情况下都是随指数涨跌而涨跌！所以，在使用K量形态分析研判和定性推动浪的时候，我们必须把K量分析放在趋势位置和趋势结构中仔细研判分析才能做出正确的判断。

　　一般原则是：

　　（1）长期下跌的熊市末期，完成扭转下跌趋势的推动性K量形态是推动浪；

　　（2）主力机构在牛市初期，以大级别调整结构和过程完成建仓目的，这段走势为趋势推动浪；

（3）牛市过程中，利用前高或重要位置完成的增持 K 量形态为推动性质的推动浪；

（4）在市场高位，一些机构逆势而动，以重大题材或基本面支撑为炒作对象，采取高位快速建仓的 K 量形态为推动性质的推动浪；

（5）长期横盘的个股中，采取由低向上贯穿性突破的推动性 K 量为推动浪；

（6）大 B 反弹中有短多性质的推动浪；

（7）下跌趋势中亦有短多性质的推动浪。

以上把 K 量形态分析作为分析和定性推动浪为目的所在，并对这一方法做了归纳。市场波动是复杂的，不仅有推动浪还有调整浪和释放浪，如何判断调整浪和释放浪，在《K 量三态分析方法》中已有分析，算是抛砖引玉，此处不再赘述。

二、形态分析与趋势分析

股市技术分析中，形态就是股价走势。广而言之，它包括股价运行中的各种现象，趋势也是股价运行形态的一种。在实际操作中，我们一般把复杂的、不具有趋势特征的股价走势称为形态，区别于这种复杂走势的就是趋势。趋势是指通过复杂形态推出，价格运行有共识性、明确性并遵循清晰的依据做单一方向的走势。

由于不同的级别，价格运行中形态与趋势往往你中有我、我中有你。譬如一个牛市中的月线趋势，在趋势结构中，其一浪是一个清晰的日线级别的趋势 5 浪，而二浪是由日线复杂的形态完整调整的。正如道氏原理，任何低级别的浪都是高级别浪的一部分。

具体操作中，一般把月线定义为牛熊级别，周线定义为波段级别，日线定义为热点级别。同一级别中所言形态和趋势，本质是多空对比所表现出来的强弱形态。根据多空强弱对比可以推导形态与趋势的区别。如图 4-4 所示。

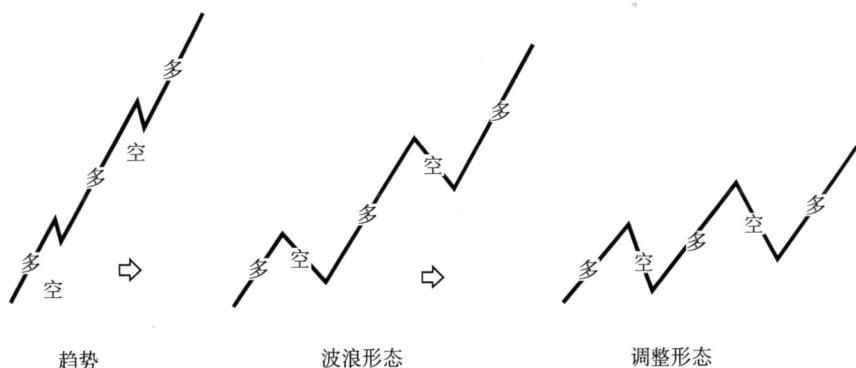

图 4-4　多空强弱与走势

趋势的本质是多空中的一种力量占绝对主导优势，推动价格做清晰的趋向性发展。趋势也有强弱之分，由于趋势过程中的 K 量强弱、调整强弱、均线强弱不同，趋势呈现出不同的强弱表现。

趋势位置、趋势结构、趋势调整是趋势投资的三大核心。结合顶底的构成，它不但是"选股"的基础，也是"选时"的核心分析方法，更是牛市趋势投资的完整投资模型，深悟之！

形态分析就是波段分析，核心原理是 N 形结构、推动浪、调整量、释放浪。推动浪是选股基础，形态穿越与走强是时机的选择。其下一级别趋势是操作的控制依据。

实际操作中，我们需要研判、分析三个层次：

第一层次是基础趋势或形态的层次，也称主趋势或主形态；

第二层次是操作控制层次，包括放量、复折、走强做底过程和趋势的发展；

第三层次是牛熊层次，换句话讲，是相对第一层次来说，形态调整到释放浪结束，相当于一次由熊市到牛市结束的完整过程。所以在复杂或较小反弹行情中，往往第二层次和第三层次相互借鉴才能做到准确的介入和及时的出局。

三、多空时机分析

大道至简，在趋势投资的所有模型中，介入的时机只有三种。如图 4-5 所示。

（一）形态时机

形态时机是由推动浪和调整浪结束后出现的预期释放浪介入时机。大可包含与解释牛熊中可运用于复杂周线波段，小可操作日线推动 K 浪产生的短多反抽。如图 4-6 所示。

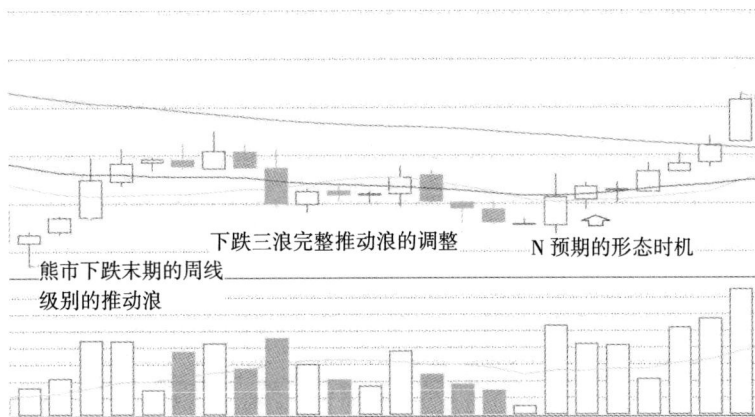

下跌三浪完整推动浪的调整　　　　　　N 预期的形态时机

熊市下跌末期的周线
级别的推动浪

图 4-5　波段形态 N 形介入时机

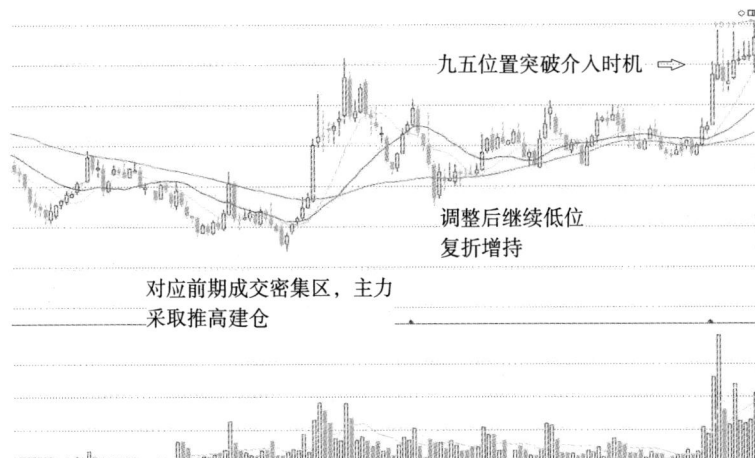

九五位置突破介入时机

调整后继续低位
复折增持

对应前期成交密集区，主力
采取推高建仓

图 4-6　突破位置介入时机

　　在熊市末期，连阳由下向上穿越下跌多条趋势线的压制而构成周线级别的推动浪，其后股价经过一个三浪调整，以力度放量周阳结束调整，股价走出一段上涨行情。

（二）位置时机

位置时机主要是利用趋势位置优势介入个股，在趋势位置中，有两个位置是介入时机：一个是走强的九二位置，另一个是突破的九五位置。小级别的介入时机上，位置时机和形态时机如同一个位置，但他们之间的原理是有区别的，位置时机强调的是牛熊机会，走强时机强调的是波段机会。在较好市场背景下，九五介入机会是最有投资效率的。不过，这种位置时机操作往往只有"高手"才能操作。不能准确分析研判股价运行结构以及形态背后蕴含的市场意义和主力意图，是无法在这个位置进场的。如图 4-7 所示。

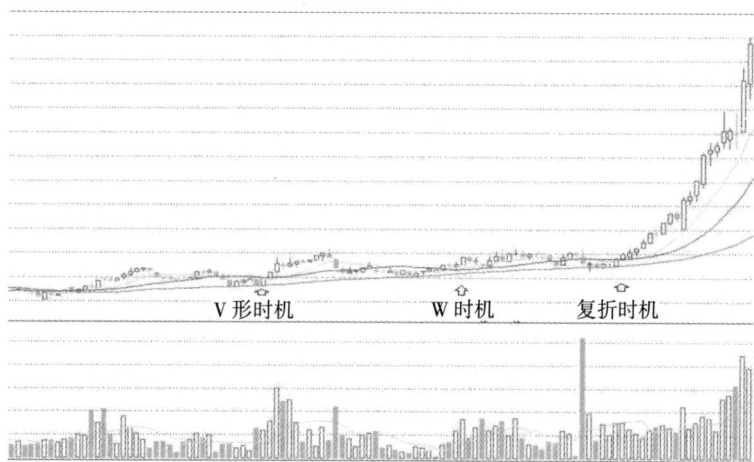

图 4-7　复折介入时机

这只个股前期已有主力资金运作，碍于市场的熊市背景走出了复杂的箱体成交密集区走势。大势向好情况下，主力采取凌厉的推高增持手法大量增持，经过一段复折调整走势，在前期高点突破位置采取 K 量横盘调整，股价一飞冲天！

（三）复折时机

在牛熊市中，包括两种复杂的多空复折走势：一种是在熊末牛初大的底部构造一部分，继而走强由复杂形态推出牛市趋势；另一种是在牛市过程中，是大级别调整的一部分，一般以横向箱体走势为特点。复折时机包含 V 形时机、W 时机和复折时机三种，一般情况下 W 时机和复折时机使用较多。

形态时机、位置时机、与复折时机是趋势投资的"选时"核心！操作上清晰、简单、直观，而它的背后是复杂理论体系的支撑。从笔者进入股市接触第一根 K 线开始，在恩师的教诲下学习技术分析，到后来在证券公司工作，再到后来成立自己的私募基金。多年来，于股市可谓"沾巾堕睫，沥胆披肝，不在他门，誓于死节"。二十年的股海实战，二十年的苦苦求索，二十年的思考感悟！方能让我在前人智慧启迪下，建立起具有东方思辨色彩，系统、完善更具实战操作的《乾阳时势》理论体系。"不忘初心、方得始终"，愿与后来者共勉！

第五章
煮酒英雄论

孙子曰：
　　纷纷纭纭，斗乱而不可乱；浑浑沌沌，
形圆而不可败。夫将者，国之辅也。

一、论市场机会与投资时机

【市场底部成因】

以资金角度，可以把市场的底部分为推动量底部和自然底部。熊市末期场外资金推高进场，量能极度放大，构筑的底部称为推动量底部，其在 K 量上表现为 K 量横盘、K 量均线、K 量 N 形结构等。熊市末期经过市场的充分下跌，空头力量慢慢枯竭，称为自然底部，其在形态上出现 K 量 N 形结构后，会再次走弱反复箱体震荡；反复复折后翻转；窄幅横盘后的价格和成交量再次收敛；等等。

【市场底部形态】

以形态原理论，底部又可分为：复折复合底部、趋势维持底部、推高建仓底部。复折复合底部多是自然底，主要以 N 形结构和复折收敛表现。趋势维持底部主要通过 K 量均线和 K 量横盘维持趋势并推动趋势的发展。以上三种底部反转是时间与节奏在形态上的不同表现。一是通过时间完成空头的彻底释放，自然底最慢；二是通过 K 量推动反转推出并维持趋势的发展，这是最常见的反转大底部；三是由于重大利好消息机构推高建仓，且其幅度与力度巨大，往往呈现大的月线形态 N 形构造，并在下一级周线走强位置完成波段底部再造形态。

【底部形态意义】

牛市初期，指数和一些个股出现推动月 K 量后，由于经历长期熊市，市场空头气氛依然较浓，价格再次下跌击穿趋势 10 均线，从而构成形态的 K 量 N 形预期。由于推动浪之后 N 形预期，一些资金再次低位慢慢介入，价格再次走强穿越均线。价格的缓慢上行会在月线上出现连续的、温和的小阳线，当月线上出现温和三阳或四阳时，如果没有大的利空，多头往往在这个时候选择直接突破前高。以上原理给予我们判断底部个股的介入时机，即 N 形结构再次走强后的温和连续小阳线，它的形态意义是价格大幅波动后以空头枯竭所表现的筹码稳定，亦可以引申为温和连续小阳穿越均线或成交密集区。它与力度 K 量拔起，都是反映时和势的成因。

【K 量形态机会】

市场经过长期震荡构筑复合底部，以下三种月线形态值得关注：窄幅震荡穿越月线均线的 K 线阳阴阳结构、窄幅小连阳、窄幅星线。

【趋势位置与调整形态】

市场指数处于牛市趋势过程中，个股一浪性质，由下向上突破均线压制，出现月线层次温和四连阳属于空头枯竭，形态上横盘突破后的K量均线调整，位置上前期头部的K量横盘调整，趋势中的K量双触线、K量层次跃进调整，不同位置出现持续堆量和持续连阳的异动，这些都是行情大机会的酝酿。

【形态和位置时机】

月线推动K量是挖掘潜力个股最重要的基础依据。推动量或推动浪进行形态调整之后，出现走强与高点突破是波段原理的核心。应灵活利用周线的调整结构与市场指数时机，个股需要放在对应板块、对应指数、对应热点中分析。

【趋势投资机会】

趋势投资的主要要素：月线支持、顺热点之势、顺指数之势与调整结构。其中，月线支持有以下几种情况：窄幅K量震荡横盘后的收敛、N形结构、K量复折反转、位置支持、趋势调整结构。调整结构包括K量力度、调整重心、调整时间周期、启动K量力度。

【热点】

热点为王，贯穿市场的主线与热点是凝聚人气的基础，也是引导资金流向的理由，所以要获得市场超额收益，必须把握运用并跟随市场热点。市场热点、指数时机、投资模型与控制之间相辅相成。

【K量与热点】

热点与推动浪的关系。真正的市场高手必须在市场热点中利用强势思路把握市场机会。推动浪有市场环境之分，其最大价值是作为释放浪的因素具有坐标般意义。

【热点与操作控制】

具有清晰的底部结构，或遭遇突发利好，大幅、快速、表现：凌厉地上涨即为超强个股。表现：凌厉上涨或连续涨停后间有单根或几根高位强势星线再度上涨，涨停直接翻倍或更多涨幅。对于如此激烈个股有三种操作方法：

（1）有板块热点联动，大幅连续涨停，可在前期高点或成交密集区位置出现星线震荡靠近日线强势线时，追击介入。对于热点操作来说，这种介入方法看似危险却较为安全，最大的风险不过是出现高位快速调整击穿日线的调整线，一般会给反弹出局机会。

（2）强势热点龙头个股在高位第一次击穿日线调整线后，果断介入搏击反弹或反转。一般情况下，连续涨停个股突然反转下杀大阴，如遇力度反击放量小阳，说明承接力度很强，再遇阴线杀穿日线调整线，可以介入博取有力反弹。

（3）同理，周线的调整线被日线的下跌三浪击穿，只要其过程中反击有力，依然可以在破掉调整线后搏击反弹。由于周线包含日线，在2~3周里日线波动可能较为复杂，搏击反弹的难度亦大。

【投资机会】

在前期高点突破中，寻找和挖掘前期属于放量推动浪或机构资金建仓性质的形态。这种高点，一是突破可靠，二是突破后涨幅较大。股票做的就是放量与突破，以及对突破时机的把握。

【时机、位置与突破】

股票市场趋势操作模型中的三个要点：走强、突破、操作与控制即介入时机。走强的分析核心，一是低位起量，二是低位的 N 形结构和复折，三是调整结构。突破的分析核心，一是前高结构，二是 K 量增持，三是 K 量变化，四是趋势内的力度穿越走强。

【趋势位置与调整形态】

趋势投资中有两个主要投资时机和投资位置，即走强、突破，而在这些位置上会出现五种调整形态——K 量均线调整、K 量横盘调整、K 量双触线调整、层次跃进调整，对于超强趋势还有星线调整，而更复杂或更大级别有弱五浪调整。

【机会的选择】

股市是一个从强汰弱的过程，所以有突破不做走强，有大级别不做小级别。

【级别与机会选择】

股市中的调整层次与机会挖掘。由于不同市场背景下不同的投资心理。月线趋势三浪是以周线复折过程的调整结构推出，并由周线趋势推动完成。周线趋势中的调整是由日线多空换手推出。月线级别的复折因为不具备趋势或是更大趋势的一个过程而无法作为趋势操作，要么分解为周线或日线波段操作，要么只能作为挖掘市场大机会的依据。股市操作上遵循的原则：一是顺势，顺牛熊之势，顺操作位置之势，顺趋势结构之势；二是有突破不做走强，有大不做小，有强不做弱。

【投资机会】

牛市中主要投资原理：乾阳趋势、趋势位置、趋势结构。机会的挖掘要看准：乾阳推动 K 量、推动 K 量经过调整出现的波段、波段多空博弈形成的隐性反转机会。在复杂震荡市和大 B 浪操作中，把握周线趋势与周线 N 形结构以及日线的相互作用出现的波段或热点机会。

【热点炒作】

热点与超短投资模型的核心：场内空仓资金的充裕、模型与热点、模型与个股的介入时机。

【热点操作】

日线热点投资：一是充分的场外空仓资金，这种空仓资金往往都是在单日较大的调整幅度后出现；二是市场热点板块与龙头个股的出现；三是在介入时机上看 K 量起势、K 量结构。

【位置、市场心理与调整结构】

九二位置与九五位置的市场心理对调整结构的影响。九二位置由于指数或股价刚刚走强站到均线之上，并且在上升过程中突破多条均线压制，短线换手充分没有太多获利盘，所以在趋势的维持和发展初期易形成 K 量横盘。九五位置由于趋势发展过程中，资金源源不断进场，出现了较大的上涨，积累了大量获利盘，一般以一种较急、较快、较深的形式调整。同时，由于大趋势还在，深幅调整后资金进入比较迅猛，往往构成 V 形的 K 量均线形态。所以在做多趋势中，九二多使用 K 量横盘调整，九五多使用 K 量均线结构。

二、论形态与趋势

【趋势层次和时机】

在乾阳理论中把牛市称为乾阳牛市，系统的操作模型称为乾阳时势时包含两个方面：一是乾阳位置即战略时机，二是调整结构即战术时机。势即是趋势，其有三个核心：趋势结构、趋势强弱、趋势层次。

【调整与调整形态】

K量横盘调整和层次跃进调整的区分。首先是级别不同，K量横盘调整是在趋势下，价格复折属于趋势的调整和维持。层次跃进调整是打破原有趋势在更大级别上获得趋势支持，再次启动，即形态上破坏原有趋势，从而推出更大级别的趋势。形态结构的复杂程度不同，K量横盘调整在不破坏原有趋势下，无论多么复杂，价格一般都是维持一种横向走势。层次跃进调整一般包括一个以上的K量横盘结构，构成价格缓慢上行但不加速的形态，在缩量破位调整后推出更大的趋势。

【趋势与调整】

牛市中一个以上的K量横盘后没有出现连续的价格上涨，说明市场的追高意愿不足，需要一个调整来凝聚市场共识。K量横盘中的清晰力度推动K量决定市场不会调整太深，往往以力度长阳结束调整。

【层次与趋势】

牛市中的周线调整介入点与月线调整介入点。牛市推进过程中，技术操作的主要依据：乾阳月线位置与调整、波段周线的位置与调整。以上两种结构原理是一样的，只是级别的大小与市场表现不同而已。在周线中，由于时间相对较短，出现推动浪和调整浪后，就具有了 N 形态预期，这种预期会以走强与突破形式完成推动浪的释放。

【级别与趋势】

乾阳牛熊中，由于时间跨度几年，往往只看到行情的上涨，忽视了推动浪。很多时候只是依据乾阳趋势位置及调整和调整结构形态进行操作。月线级别与周线之间原理一样，有时相互表现，有时在波动中表现的侧重不同，所以构成了市场表象纷乱的走势。在实际操作中，跟踪判断周线的调整介入点和月线的调整介入点是趋势投资最重要的方法。

【投资机会与投资时机】

市场的形态级别，一是月线即牛熊级别，二是月线作为推动 K 量做 N 形结构的波段级别。

波段操作的精要：

（1）月线的推动 K 量即周线的推动浪；

（2）调整和调整浪的形态过程；

（3）周线的走强和突破位置；

（4）周线调整结构、重心、力度、调整突破后的回压。

【形态与突破位置】

关于突破，突破的种类划分：

（1）前期高点突破；

（2）成交密集区突破；

（3）推动性月 K 量突破；

（4）层次跃进调整中的突破；

（5）箱体形态突破；

（6）多重均线的突破。

【操作和控制】

趋势中的调整及过程，在操作中就是对时机的把握。介入点出现后，其后推出趋势的力度决定股价上涨趋势的强弱。

【时机与调整】

股市投资的成败，一是牛市投资环境决定着人气和场外资金源源不断地进场推高指数和股价，二是乾阳趋势和趋势位置。股市投资效率在于选股与选时，同样的市场背景下，突破往往比走强形成的趋势更为凌厉，还有就是对调整及周期的准确判断。大级别的操作中，一般走强之后往往是 K 量横盘调整，市场高位的调整经常以 K 量均线调整。

【多空与多空成因】

上涨势能的集聚：推动 K 量，增持，调整和多空复折换手。所有凌厉的上涨都有其势能的集聚原因。走强与趋势是市场显性的力量，而推动 K 量、增持、多空复折和调整是市场强大的隐性力量。

【形态与走强】

均线穿越在趋势内有力度 V 形穿越、W 形穿越、复折穿越，也有趋势外的形态穿越——N 形穿越、3 浪穿越、5 浪穿越。

【层次之间关系】

股市的趋势、K量与调整结构，趋势的定位作用，K量的定性作用。调整结构即是多空换手，也是层次之间的联系，与操作控制密不可分。日线为K量细节，是对周线调整过程的表现。概而论之，一般乾阳趋势1浪与调整是用日线趋势推动与复折调整，3浪是用周线趋势推动，5浪再次用日线加速完成。

【趋势结构和K量】

根据K量原理一波行情的高点可以区分为释放性前高、推动性前高、复折推动性前高，这些对其后突破的操作在分析和定性中意义重大。

【形态和风险控制】

卖出与风险控制。根据趋势与趋势位置原理确定控制级别和控制依据，介入点失败原则。盈利卖出和控制的原则：级别5浪结构、级别耗散结构并被确认、级别调整线被大阴线打穿。

【趋势与波段】

趋势的核心：趋势强弱、趋势位置、趋势结构和趋势发展过程中的趋势维持，趋势维持即不同的调整形态。

【形态顺逆】

推动性连阳后顺势N形与逆势N形的区别。推动连阳后在顺势中以K量均线或N形结构调整或者是大级别调整中的一部分。逆势出现推动性连阳，往往形成波段N形或平行N形甚至新低N形。趋势是市场最大的隐形力量，而K量只是市场一种显性的短多力量。

【调整】

调整是多空的换手，是趋势推进的过程。调整有六种方式：星线调整、均线调整、横盘调整、双触线调整、层次跃进调整、连阳 N 形结构调整。

【调整和顺逆】

K 量层次跃进调整与连阳 N 形结构调整在形态上相似，只是推动 K 量上强弱不同。K 量横盘作为操作模型之一，具有实盘操作的可控性。横盘调整其本质是多空换手呈现的一种暂时的平衡状态，其作为操作坐标，要放在上一级别的趋势与形态结构中分析判断。选取 K 量横盘为操作坐标，以月线、周线作为操作趋势与结构。从顺势原理上可分为顺趋势、顺结构。从趋势位置上可分为九二位置、九五位置。

【趋势结构】

多空换手形成的平衡点是判断市场状态的坐标。

【K 量与趋势逆转】

力度反叛线（逆势穿越量）或平行走势中贯穿性力度 K 量，其成交量是均量线的三到五倍量，具有扭转趋势的推动量性质。

【层次和 K 浪】

推动 K 量与推动浪是一种形态两种级别层次上的定义。推动浪有以连阳推升，也有以力度阳线形式出现，还有以放量震荡波段推出。

【推动浪与形态演变】

强势连阳推动浪的高位有的以 V 形诱多回折调整，有的以 W 形态诱多回折调整，也有的以横盘诱多反转调整和弱势减量圆弧调整。

【K 量与形态力量】

以凌厉的股价上涨为推动浪的形态较为清晰并且易于识别，在长期实践中经常遇到隐形的，不是以价格表现而是以时间表现的推动浪。这种推动量主要有两种形式：

（1）以小级别推动量不断构成 3 浪返折，随时间不断延长形成窄幅横盘的成交密集区；

（2）以推动 K 量后横盘诱多，然后反转调整，构成推动浪。

【K 量顺逆】

主趋势论认为推动量有顺势推动 K 量和逆势推动 K 量，顺势推动 K 量是趋势的维持与推动，逆势推动 K 量是短多反抽或反弹。

【K 量结构】

推动 K 量是以量能分析判断波浪形态性质，在推动浪中推动 K 量又分为低位起量、中间等量、高位放量或缩量。

【K 浪结构】

推动浪与调整浪比较：

（1）推动浪是放量持续推升，放量连阳推升或趋势 5 浪推升，也用震荡波浪 5 浪推升，这种推动浪可能是更大级别推动浪的组成部分。调整浪则是波浪 3 浪下跌调整。

（2）调整浪里有力度反弹并形成波浪结构。

（3）调整浪一般以 3 浪形态出现结束调整。

【波浪与趋势】

趋势 5 浪与波段 5 浪的区别：

（1）强弱区别。趋势 5 浪不破趋势，波段 5 浪破掉趋势而呈波浪形态。

（2）趋势 5 浪可作为推动大级别一浪或大级别推动三浪。波段 5 浪多数为释放浪、调整浪、箱体震荡过程、横盘 5 浪或是大级别调整。

【波浪的定性与通变】

理论上，趋势 5 浪具有推动性质，波段 5 浪不具有推动性质。但是波段弱 5 浪在大级别的九二位置或九五位置如果是以震荡增持为目的，则会推出更大级别的行情。

【波浪位置】

弱 5 浪或称为平行 5 浪，具有两种性质：一是作为耗散结构，尤其大五浪叠小 5 浪或 A 浪后 B 浪，其后以断崖式跳水为主；二是作为上一级别的震荡增持过程，会推出凌厉的趋势 3 浪，核心区别在于过程中经常出现增持 K 量。

【波浪与耗散结构】

耗散结构的几种情况：

（1）作为 A 浪后的 B 浪反弹；

（2）大五浪叠小 5 浪形态；

（3）反抽到主趋势均线位置的 3 浪或 5 浪；

（4）N 形右边的弱释放 3 浪或 5 浪。

【K 量】

以下是关于量的几种常见术语。当日的成交量与成交量 10 日均量线持平称为平量。连续一段成交量都在成交量的 5 日均量下方，并且接近或低于前期低点成交量，称为地量。相对昨天或前几天的交易量萎缩叫缩量。与昨天成交量持平叫等量，一般是针对放量阳线来说。当日成交量比成交量 10 日均量放大为放量，一般 2 倍放量或 3~5 倍放量具有明显的分析意义。对于调整的股票价格突破均线压制走强并伴随 2 倍成交量的放大可视为调整结束。连续下跌低位起量一般为推动 K 量，连续上涨的波段高位突然放量一般为释放量。

【形态与平衡结构】

多空复折平衡结构：

（1）推动 K 量形态及强弱；

（2）V 形浪的放量与力度；

（3）W 形态的放量与力度；

（4）V 形低点与 W 形低点的时间、重心、强弱。作为反弹的波段头部 V 形与 W 形无力、无量或重心下移。

【平衡结构和顺逆】

多空复折平衡与波段弱 5 浪关系：在顺势九二位置，波段弱 5 浪或成为一个复折增持或复折调整的过程；在逆势中，这种结构往往成为反弹结束点，即弱 5 浪反弹结束点。

【形态和波浪结构】

N 形结构中的多空对比。抛开趋势均线不论，N 形结构的每一个多空都有表现形式，一般有三种：趋势 5 浪，波段 5 浪，弱 3 浪。在基本定义中，力度 K 量或趋势 5 浪具有推动性质，那么，根据这种力量强弱性质分析，即可以推断未来变化及方向。

三、论投资模型与操作控制

【操作与控制】

不同指数环境下，调整形态的具体变化各不相同。所以，在掌握各种调整结构的核心原理后，仍需保留一定波动空间，以应对不同指数环境下的随机波动。

【形态、趋势位置、级别与层次】

层次之间关系与操作思路简化。推动量或推动浪定性的 N 形结构中有三个重要原理：N 形穿越均线走强、N 形前高的突破、释放浪的趋势调整结构。三者之间既有级别区分关系，又有相互变化关系。简而言之，牛熊可以理解为年线级别的 N 形结构，在趋势位置中九二位置是 N 形的均线穿越和走强，九五位置是 N 形的突破。通过推动量和释放量构建的 N 形结构，把复杂的市场走势简化为清晰的操作性强的系统循环。这里我们可以把市场的牛熊理解为乾阳 N 形，把波段理解为周线级别的 K 量 N 形。

【级别与控制】

长线、短线与市场热点。关于长线与短线之论各有理解，在乾阳时势投资原理中都有其对应的操作模型，实战中可分为三个级别：

（1）牛熊级别，以乾阳趋势来表现；

（2）波段级别，以月线推动 K 量为周线级别推动浪，在周线级别表现趋势的阶段位置及释放过程；

（3）日线级别，在复杂市场中，以周线力度 K 量为推动浪，以日线波浪特点表现波动和释放过程。

综上三个层次分析，在乾阳投资原理中，所谓长线、波段、短线之分自然清晰。

【机会与操作】

根据股市操作上的思路和不同手法，可分为：波段操作，即做推动浪和调整浪之后的走强与突破；乾阳牛市操作；超强热点个股操作。它和一般意义的长线、波段、短线操作有相似又有区别。

【投资原理的通变】

思路之间的区别，表现了市场不同阶段与不同形态位置的市场意义以及合理操作级别和操作方法，也反映了市场复杂性的一面，它们之间相互独立、相互联系，又相互变通。乾阳牛熊级别九二位置的长线思路可以理解为年推动 K 量后的走强，强势操作方法又可以是长线思路操作主升阶段的过程。在长线思路中，九二位置充分酝酿后出现较为凌厉的上升，形成热点，打开空间。譬如，日线连阳经常伴有涨停或阳线中星线震荡不破日线强势线，则具有超强个股特性，如果前期没有做长线布局，这时可以用强势思路进行操作。

【操作】

长线思路重于牛熊位置和乾阳调整与调整结构，波段思路重于推动 K 量与介入控制，强势思路重于热点把握和对势强弱的利用。

【操作与控制依据】

市场趋势的强弱与日线复折的使用。所有级别的趋势都是以强势线表现其强弱的，强势线与连阳是衡量趋势强弱的两个直观看盘依据。日线复折的使用，就是对周强势线或月连阳的调整或加速。

【操作1】

乾阳牛市长线方法适于熊末牛初；波段方法适于市场复杂震荡；连续上攻人气活跃，适于热点超强方法。热点超强操作方法主要有三种：强势上攻星线法、强股急挫反弹法、周线调整三浪反弹法。

【操作2】

战略投资比眼光和耐力，更注重对空间和时机的思考；热点投资靠技术和盘感，追求灵活的短期收益。

【层次之间关系】

级别层次间的关系。在实战操作中，可以把所有级别的趋势用调整结构做坐标来定义趋势位置。在介入时机上，战略投资是以乾阳趋势和趋势位置为基本趋势，以周线为介入时机；周线趋势为波段层次，以日线为操作时机。

【交易策略】

预期交易与模型交易。预期交易属于左侧交易，模型交易属于右侧交易。

【模型原理】

通过对多空力量对比的推导，可以把市场的交易分为两种不同的交易原理：趋势原理和波段形态原理。

【操作的顺逆】

对调整结构的分析与思考更多强调了介入时机，但是在股市操作中，基本趋势与结构具有决定性作用。简而言之，股市较为稳定的操作。从原理上区分，就是周线的趋势与波段。所以日线的介入点必须做到顺周线之势或顺周线多空之机。在逆周线趋势或复杂震荡走势中，日线的调整形态恰恰构成诱多或失败形态，从而成为时机走势的空点。

【战略投资】

乾阳月线战略投资模型之核心：牛熊顶底的演变与形成，乾阳趋势位置，趋势调整与调整结构。

【趋势投资模型与基本分析原理】

乾阳时势分析的基本原理：K量定性，多空博弈与时机，均线趋势的定位，趋势结构与趋势位置，级别之间关系。实际操作中一般把月线作为牛熊与战略级别，周线为波段级别和操作控制级别，日线为热点级别。

【战略投资模型精要】

乾阳战略投资精要：

（1）乾阳时势，趋势位置，趋势结构；

（2）调整结构的多空平衡点；

（3）前有同级别的推动浪或同级别多空复折形成的成交密集区，或顺上一级别的趋势结构。

【波段投资模型精要】

周线波段操作是主流：

（1）调整结构多空平衡点，前有同一级别的推动浪或同级别多空复折形成成交密集区；

（2）顺上一级别的趋势或结构；

（3）上一级别调整结构的释放过程。

【点投资模型精要】

日线操作仅有几种情况，即热点及周线趋势3浪释放过程。

（1）日线的多空平衡结构，在复杂震荡或逆周线趋势下，往往是日线波段转折点；

（2）日线的多空平衡结构，只有在周线调整的释放过程中才有效，或者是周线的一个释放过程；

（3）日线的多空时点，是日线热点操作判断模式，其成败核心是热点之势。

【操作系统】

高手所掌握的简单系统，是经过简单—复杂—简单多个轮回所形成的适合他自己的简单系统，这个简单是直接，而非复杂。《煮酒英雄论》描述了简单操作系统背后复杂的基础与原理之间的定义。

普罗大众的判断是基于事实和数据这两个基本维度，而任何零和博弈市场的复杂性都远远超出这两个维度。高手参与这场游戏都是在情绪的第三维和哲学抽象的第四维展开的！

第六章

亢龙有悔　惟谦有终

孙子曰：

"亢之为言也，知进而不知退，知存而不知亡，知得而不知丧。"

"大智知止，小智惟谋。智有穷而道无尽，止于至善。"

2015 年 6 月，中国股市在去杠杆的背景下，出现失控性连续暴跌，无论机构投资者还是个人投资者无不损失惨重，许多私募基金清盘，许多个人融资账户遭遇强行平仓！

2015 年 7 月 21 日，星期二，上证综指以低于上个交易日近50 点的 3939 点跳空低开。下午 1 点左右，北京天气阴沉。在靠近长安街的华贸中心酒店顶层，36 岁的瑞林嘉驰基金经理刘强一跃而下，决绝地结束了自己的生命。

2015 年 11 月 1 日新华社报道：记者从公安部获悉，泽熙投资管理有限公司法定代表人、总经理徐翔，通过非法手段获取股市内幕信息，从事内幕交易、操纵股票交易价格，其行为涉嫌违法犯罪，近日被公安机关依法采取刑事强制措施。

而在徐翔之前的管金生、唐万新、张少鸿、吕梁，四位都堪称金融界奇才，他们都曾叱咤金融市场，有着让人只能仰望而无法企及的辉煌！正是这些辉煌所带来的藐视一切的盲目自信，与无法控制的财富欲望毁灭了他们。这些令人唏嘘的人生故事，也是我们私募界的前车之鉴。亢龙有悔，惟谦有终！

一、金融市场之父——管金生

在上海，提篮桥的哀叹声能跨越黄浦江传到人声鼎沸的金融市场，提篮桥监狱内，关押着一位身材不高、曾经在比利时留过学的金融家——管金生。他的名字已经成了中国对市场快速改革感到恐惧的代名词。即使是在爬满了常春藤的高大红墙内，这位曾经的中国金融市场之王，仍然对上海商业界有着深远的影响。

当时很多人认为，中国能够着手进行的最基本和影响最广泛的金融现代化措施之一，就是向债市重新引入对冲产品，尤其是债券期货。然而，在政府赖以获取大部分资金的市场中，引入期货交易会导致市场力量挣脱束缚。管金生1995年的投机活动引起金融市场巨大的混乱，以至于中国禁止了一切衍生金融产品的交易，并将他送入监狱。

一位上海证券交易所的高层管理人员最近被问及管金生的情况时，他立刻眉头一皱，他认为，有管金生这样的案子作为前车之鉴，监管部门对重新推出国债期货肯定会非常谨慎。

管金生其人颇具传奇色彩。他是江苏省人，在20世纪90年代初时加入到中国迈向市场经济的大潮中，他曾与香港的李嘉诚合伙做过一次生意，并被《中国日报》称为"老板"。甚至在中国还没有股票市场的时候，他就誓言要建立中国自己的"美林公司"。他以前的一位同事最近在接受道琼斯通讯社采访时这样称呼他："中国证券市场的奠基人之一"。

管金生是 1995 年国债事件的主要操纵者。他最终被判入狱17 年，监管当局则在此事件后下令禁止了国债期货交易。这场巨大风波也被称为"中国巴林"事件，因为就在同一周，英国巴林银行因期货交易损失巨大而倒闭。管金生出生于一个农民家庭，在 1988 年他 39 岁的时候创办了上海万国证券公司，此前，他曾留学比利时攻读金融与法律，凭借市政府的资金，使万国证券发展成为当时中国最大也最有活力的证券公司，而当时的中国证券市场上充斥着各种传言和肆无忌惮的投机者。

在巴林银行的交易员尼古拉斯·里森成为新加坡交易所日经指数期货市场的入场交易者之前，管金生就已经主导了中国的高级金融市场，特别是当时中国交易量最大的金融市场——国债期货市场。据一位以前在万国证券负责记录管金生所下达交易指令的执行情况的人士称，管金生的交易量有时候能占到整个市场成交量的 75%。管金生并不是生活很奢侈的人，也不是不想看到中国的资本市场得到发展。在尼古拉斯·里森 20 多岁的时候，她很惊讶于监管部门怎么会简单地把万国证券提出的建议写入监管条例。当时，她全身心地追随管金生及其事业，每天晚上都睡在办公室里，除了周四，因为她要上夜校。她说："管金生是位绅士，他的贡献很大。"

据称，在 1995 年 2 月 23 日下午，管金生对期货市场的主导演变成了滥用职权。万国在收市前的 8 分钟疯狂抛售，导致债券期货市场崩盘，对此没有人提出疑问。据说当日成交量达到了8500 亿元人民币，为正常水平的 85 倍。据新华社报道，万国试图回补亏损的头寸，"蓄意违规，操纵市场，扭曲价格"，并打击了这个 "尚不能很好应对投机行为" 的系统。中国证监会认定，没有严格监管的期货市场将会变得非常危险，此类事件为此提供了一个很好的例证。这次疯狂抛售导致的损失约为 100 亿美元，波及面如此之广，以至于中国的监管机构下令将在这 8 分钟内完成的交易全部取消。如此一来，管金生就成了最大的亏损户，公司面临破产。政府几乎立刻禁止进行 "试验性" 的债券期货业务，然后将注意力转向管金生。搅乱、欺骗市场被广泛认为是管金生的主要罪行。然而，上海第一中级人民法院于 1997 年判处管金生 17 年有期徒刑，罪名是行贿并在期货市场成立开张前的数年里滥用公共资金，总额高达 269 万元人民币。

二、德隆帝国掌门人——唐万新

还没有哪个民营企业像德隆这样，成为世纪之交的中国持续关注的热门话题。从某种意义上讲，德隆成为一个标杆，以至于媒体至今滥用的标题常是 "下一个德隆" 或 "又一个德隆"。这是因为，德隆玩的 "产业整合" 是许多民营企业心之所向，而德隆玩的 "资本心跳" 也使后人惊羡不已。其实，德隆想在 "不寻常的转型"时代，玩一把"超常规发展"，它借了非常之势，走了非常之道，用了非常之技，可惜没有非常之命运，结果在非常时代死于非命。

如果只有一人当选中国改革开放 30 年的资本枭雄，唐万新一定是呼声最高的，因为他的德隆案至今仍保持着中国最大的金融黑洞纪录。至于德隆案在整个中国的历史上能排到多少名，目前还没人研究。

据说服刑的唐万新在狱中最大的爱好就是考古，不知道是否想过就这个问题进行考证。他更有可能天天在盘算着如何在知天命之年改天命，做比史玉柱还漂亮的咸鱼翻身、东山再起。但翻身容易翻案难。尽管唐万新的一生远未到盖棺之时，但德隆案已经早有定论：产业整合很有想法，资本手段实有违法。

（一）新疆一介生意人

在德隆未亡之前，几乎所有人都把德隆的算盘当成迷宫，但回顾起来，一切已经变得相当清晰，尤其是起步阶段，与大多数民营企业非常相似。唐万新生于 1964 年，曾两次考入大学，但因故都未顺利毕业。无奈之下在乌鲁木齐与几个朋友一起做小生意，最终在学校里卖盒饭，之后做彩色摄影冲印，赚了一笔钱。然后倒腾过服装批发、挂面厂、化肥厂等小型实业，还在 1988 年承包了新疆维吾尔自治区科委下属的新产品技术开发部，但无一例外都以失败告终。1990 年，不仅将之前攒的钱全部赔掉，还背上 50 万元债务。1991 年，唐万新开始做电脑生意，一度是新疆最大的配件供应商，据说光四通打印机就卖出了 2 万台，把钱又赚了回来。看到赚钱容易，时任中学教师的大哥唐万里也加入进来，唐氏兄弟正式联手。1992 年，唐氏兄弟注册成立新疆德隆实业公司，注册资本 800 万元，响彻中国资本市场的德隆呱呱坠地。

（二）股市初潮一匹夫

1992 年下半年，深圳股市传来消息，将通过认股抽签表发行 5 亿元新股，敏锐的唐万新花钱请 5000 人到深圳排队，领取认购抽签表，连排 3 天，抽签表很快变成了德隆的大把钞票。据唐万新后来回忆，"1993 年之前法人股和流通股界限不清，只要是股票，大家认为都可以上市，我把法人股全部卖了，几个月就赚了几千万元。比赚钱更重要的是，我们对资本市场有了切身的体验。"真正重要的是，唐万新借此真正完成了原始积累。

（三）情归故里一实业

唐万新对实业还是有一定的情结。赚到大钱之后，他没有因此一头扎进股市，而是又重返实业，可能对于一个 29 岁的小伙子来说，股市还有点太虚，实业意味着实在，能作为事业的根基。1993 年 2 月，唐万新注册成立乌鲁木齐德隆房地产开发公司，但没弄成。1994 年，他干脆跑到北京新街口，开了当时首屈一指的 JJ 迪斯科歌舞厅，很成功，据称年盈利达 3000 万元以上。对唐万新来说，他并非真正喜欢娱乐业，这个 JJ 对他来说就是个交际场。1994 年，唐万新才真正找到能大展宏图的实业，这一年，他注册成立新疆德隆农牧业有限责任公司，注册资本 1 亿元，在新疆搞农牧业开发，先后投入 2 亿多元在新疆各地建立起四个大型现代化农场,首期开发土地 10 万亩之多。新疆广袤的土地和特殊的优惠政策,使农业成为唐万新最早设想的产业根基。1995 年,注册资本为 2 亿元的新疆德隆国际实业 (000159) 总公司成立,"新疆德隆"现身江湖。

(四) 产业整合一枭雄

唐万新虽然找到了事业根基,但没有一心扑到实业上,有过 1992 年的特殊经历,他深知股市虽然机会不多,但只要抓住一次,就抵干实业好几年。所以做实业的同时,唐万新一只眼睛一直还在盯着股市,有空就在一级和一级半市场倒腾一下。1996 年,他突然读到君安证券研究所所长王明夫的一篇文章,从"走到 K 线背后去"这个新颖而响亮的口号中,嗅到了资本与实业互搏的玄机。王明夫文中称,投资者要想获得超额利益,需要进行一次从发现价值到构造价值的跨越,"发现价值是去寻找黑马,而构造价值是去培植黑马",按照唐万新的理解,前者是挑股,后者是养股,通俗说就是"坐庄"。1997 年 5 月,德隆在北京召开了"达园会议",这是德隆历史上颇具转折意义的一场务虚大会。会议上,唐万新基于自己对世界范围内产业调整的判断和王明夫的坐庄理论,确立了由"实业投资"转为"产业整合"的战略定位。

这就是产业整合之路,说得简单一点就是先控制一定上市公司,然后将手头的实业装进去,必要时改变一下原上市公司的主业或产业概念,然后利用杠杆原理再从资本市场融来更多的钱,顺着产业概念大举并购、整合,整合来的公司想办法搞托管、委托加工等，迅速实现盈利，方便再融资，再并购，如此来回大循环，以杠杆原理滚雪球，最终成为产业之王。事实也证明，唐万新的这个产业整合思路是可行的，虽然比不上传统产业思路，即建工厂、做产品、打品牌、拓渠道来得实在，但确实速度更快，效果更明显，手段初看起来也更高明。唐万新是不折不扣的资本枭雄，但这个枭雄跟一般的资本来资本去的空手道完全不同，他不是简单地"套白狼"，是真想"称王"，只是有些操之过急，就像史玉柱的巨人大厦一样，建得有点过高，超出了资本负荷。

一位原德隆高层曾透露：唐万新在资本上颇有投机性，但在产业上反而相当认真谨慎，他不是哪个产业都进，选的都是有国际竞争力的农业和制造产业。据说为了研究产业趋势，唐万新还专门设立了一个100多人的研究班子，分70多个产业部类，专门研究每个产业的前10强，然后还划分区域，将每个区域内的1亿元规模以上的企业都纳入研究范围。在如此严谨的基础上，德隆选定了三大行业。虽然德隆大厦最终轰然倒塌，唐万新彻底输掉了整场战争，但我们不得不承认，他的"三大战役"还是相当漂亮，可圈可点。

（五）"三大战役"一统帅

1. 控股屯河：建立农业根据地

唐万新设想的第一个根基是农业，第一仗也选在了家门口。1996年7月，新疆屯河上市，主业是水泥，今后也准备继续奋斗在水泥产业。1996年10月，德隆择机介入，出资受让了新疆屯河（SH600737）部分法人股，成为第三大股东，第二年又通过控股屯河集团成为第一大股东。从 1997 年起，唐万新边干边琢磨，走出了一条令人眼花缭乱的产业整合之路。1998 年，新疆屯河在年报中预告，公司从 1999 年将突破水泥业，转而利用新疆的资源优势，发掘农业和矿产。外界很快看到了唐万新的第一个目标：番茄酱，后来被形象地称为红色产业。1999 年，新疆屯河投资 7183 万元，引进年产 2 万吨番茄酱生产线，使新疆屯河的番茄制品收入为 4900 万元，占其总收入的 16%左右，转型正式启动。第二年，唐万新又连续抛出 8 项番茄投资，总额近 5 亿元，使红色产业的收入达 1.88 亿元，占到屯河总收入的 40%左右，和水泥基本持平，红色农业概念呼之欲出。2001 年，唐万新又追加 5 项投资后，屯河的蕃茄酱俨然已成国内行业老大，第一个产业整合顺利完成。从 1996 年介入到 2003 年收官，屯河无论是销售收入还是产业地位均增势迅猛，1998 年公司年收入只有 2.11 亿元，到 2003 年，这一数字已经变成 22.47 亿元，增长 10 倍多。唐万新还利用屯河平台操作过北京汇源，曾在 2001 年 6 月出资 5.1 亿元合资设立北京汇源，并持股 51%，如果不是后来缺钱而提前倒手，德隆仅此一笔投资都足够赚上几十亿元。

2. 咬住合金：搭上机电顺风车

在盯上农业的同时，唐万新还瞄上了工业。不过由于羽翼未满，唐万新第一次试手选了一家小型机电公司，即 1996 年 11 月刚上市，年收入不过 5000 万元左右的合金投资。1997 年 6 月，德隆集团及其关联企业北京总府置业分别受让沈阳资产所持有的国家股 1500 万股和 568.5 万股，仅以 6433 万元的代价拿到 40%的总股本。与整合屯河不同，唐万新不再是简单的注资、追加生产线，而是明确沿着既定的产业方向展开一系列收购活动。1998年，合金投资出资 9000 万元收购了上海电动工具制造商星特浩企业有限公司 75% 的股权，使上市公司年收入突破亿元大关。关键是在收购之余，唐万新还动起了经营手腕，公司当年收入达到 2.89 亿元，净利润也达到 1.02 亿元。1999 年，唐万新又借上海星特浩出资 2000 万元和 3210 万元收购了苏州太湖电动工具集团公司 75% 的股权、苏州黑猫集团公司 80% 的股权。2000 年，他差点通过合金投资收购美国 Murray。对方是世界领先的民用草地花园设备供应商和生产厂家，年销售额约 7.5 亿美元，虽因种种原因，并购未能完成，但通过合作，合金投资的大部分机电产品顺利实现出口。一番产业整合之后，合金投资 2003 年主营业务收入一度达到 10.95 亿元，相当于 1998 年销售额的 14 倍，同时，公司也从默默无闻的机电小兵摇身一变，成为行业主导者。

3. 吞湘火炬：挺进工业最前沿

在唐万新的"三驾马车"中，个头最大，跑得最快，唐万新最得意的还是湘火炬。湘火炬于 1993 年上市，德隆集团在 1997 年 11 月受让株洲市国有资产管理局持有的 2500 万股国有股（占 25.71%），价格为 2.8 元/股，代价只有 7000 万元。1998 年之前，唐万新对湘火炬的动作并不大，1999 年突然发力，先后收购香港鸿本实业、香港鸿源贸易公司和 STEVEW.WANG 全资拥有的美国 MATAUTOMOTIVE,INC. 和 MIDWESTAIRTECHNOLOGIES,INC 两家公司，以及在中国 9 家子公司 75% 的股权，汽配行业概念已隐约可见。

2001 年起，唐万新明确提出湘火炬将集中做重卡、变速箱及其他核心部件，然后三个平台一起发力，配合湘火炬的主攻。2001 年，湘火炬先是与陕西汽车齿轮总厂合资设立陕西法士特齿轮，出资 1.31 亿元，持股 51%。次年又先后出资 2.5 亿元和 2.55 亿元，分别与陕汽集团组建陕西重汽，与重庆重汽组建重庆红岩汽车，皆持有 51% 的股份。同时，还投资 3600 万元，与东风汽车（600006）合资设立了东风越野车（持股 60%），投资超过 1 亿元组建 2 家齿轮传动公司。2003 年，湘火炬又受让珠海华晨持有的航天华晨汽车 50% 的股权（更名为航天火炬），交易金额达 3.60 亿元。2001 年，子公司陕西法士特与行业巨头伊顿公司合资组建了西安伊顿法士特齿轮有限公司，子公司陕西重汽则与德国 MAN 公司签署了引进技术和长期战略合作协议。

3 年大整合之后，德隆花 7000 万元入主的湘火炬摇身一变，成为主营业务收入高达 103.14 亿元的巨型上市公司。更有影响的是产业影响力，一番整合之后，湘火炬下辖两家整车企业——陕西重汽和重庆红岩，占据国内载重量 15 吨以上重型车市场份额的 85%；陕西法士特生产的重型车变速箱也占据载重量 15 吨以上国内市场份额的 50% 以上，同样极具影响的还有火花塞产销量和主机配套率，均列国内第一。此外，湘火炬旗下公司还能年产空调压缩机 24 万台，销售列全国第四。

（六）资本断链—雪崩

2003 年，德隆的雪球达到顶点，成为中国拥有上市公司最多，市值最大的民营资本集团，而且"三驾马车"的速度丝毫未降，势头凶猛，唐万新本人也春风得意，一度当选中国工商联副主席，大有红顶资本家之势。

但暗流一直在涌动，德隆的致命危机，唐万新一个也未能从根本上化解。其中，雪球内核不实，这是滚雪球最大的风险。

对德隆来说，雪球的内核就是三家上市公司的盈利能力。德隆往年的数据显示，"三驾马车"规模合计达到150亿元，但盈利能力都很差。老大湘火炬因为收购过快，经常亏损，资产负债表更是吓人，2003年高达70%，欠款34.5亿元，而1997年这个数字只有1.1亿元。合金投资与屯河虽然基本保持盈利，但每年的利润贡献不过一两亿元，而唐万新后期的滚动已经动辄需要几十亿元的资金，三家公司的盈利根本支撑不住。

按杠杆原理来说，就是唐万新选的支点太靠近手臂，不只是四两拨千斤。重要原因是唐万新的这种产业整合思路都是收购上市公司，而不是IPO，无法得到大把资金，而他多年来的股本扩张也非常有限。唐万新过于求快求大，除了天生的野心与野性，还源于一个战略误判。据称，2000年德隆内部有过讨论，是否要择机退出二级市场。唐万新认为，中国股市将看涨10年，股指可以向上涨2万点。在1999年"519"行情以后的狂热气氛中，这一判断被德隆上下接受了。由此，德隆继续深陷在二级市场，维持着"老三股"不败的神话，但2001年起，股市由牛转熊，德隆重组与并购的负担急剧加重，但已经有些自负的唐万新并未迅速做出相应调整，尤其是在核心湘火炬的并购上，依然高举高打，丝毫不在资金方面省吃俭用。这正是唐万新的第二个致命错误，其实这个错误除了战略误判之外，本身还蕴含着唐万新的身份错位。

唐万新有两个老师，君安证券的王明夫和华润的宁高宁，前者是个聪明人，"空手套白狼"，不玩产业，赚钱就走。后者是标准的"红顶产业资本家"，为国扎实做产业，资本无穷，名正言顺。唐万新的庄家技术学得炉火纯青，产业之心也直逼宁高宁。但在中国现有资本市场水平，仅以庄家之术，民营之身，想在产业上赶超国家资本，只有两条路：一是彻底变身国家资本，二是"走邪道"。唐万新努力过，而且是两个方面都很"努力"。为前者，他曾当选中国工商联副主席，为后者，在《人民日报》发表文章。但作为民营资本家，他还是把更多的努力留给了后者，而后者则无异于随时可能引爆的炸弹。事实证明，唐万新也不是排爆高手，这恰恰构成他的第三大危机。唐万新学成了王明夫，落下一个恶劣的庄家之名，但没学成宁高宁，仍被视为机会经营者，而不是产业整合者。在2000年12月"中科事件"后，社会舆论突然将矛头对准了德隆，"德隆是庄家"成为数百家媒体的显著标题，2001年4月，香港中文大学教授郎咸平炮轰德隆（《新财富》当月刊登了郎主笔的《"德隆系"类家族企业中国模式》一文）成为这一时期质疑风潮的标志。之后，德隆旗下的金新信托因此发生挤兑风波。但唐万新对此却出人意料地保持沉默，故作神秘，大有任凭雨打风吹，我自岿然不动之势，结果只能是树欲静而风不止。

2003年7月，中国证券市场"啤酒花（600090）"、"南方证券"、"青海信托"等一连串危机事件爆发后仅1个月，全国范围内就有十几家银行对德隆开始"只收不贷"，所谓害德隆之心未必有，但防唐万新之心不可无。这立刻掐断了德隆本来已经脆弱到极点的资本循环。2004 年，情急之下的唐万新错上加错，饮鸩止渴，竟然抛售流通股套现，结果市场越抛越紧，直到 4 月 13 日，合金投资跌停。4 月 14 日，德隆"老三股"全线跌停，几周之内，不可一世的德隆仅流通市值就损失达上百亿元，自此一发不可收拾。6 月，调查组进驻，唐万新出逃，但未能逃掉。2006 年，法院以变相吸收公众存款和操纵证券交易价格非法获利之罪，判处唐万新入狱 8 年，罚金 40 万元。44 岁的唐万新又在狱中开启了他考古的新生，12 岁的德隆则永远地关上了它的生命之门。

三、资本冒险家——张少鸿

硝烟散尽，中国股市上的"庄家鼻祖"张少鸿全军覆没，曾经的"中国十大杰出青年"等诸多荣耀也随着他的商业部落一同沦陷。与刚刚落马的"战友"、德隆系操盘手唐万新黯然长叹的表现迥异，牢狱中的张少鸿正谋划"东山再起"。尽管现在，眼泪是他留给两万余名被害人的最大"补偿"。

2008 年初，这位原河南省读来读去读书社股份有限责任公司（下称"三读公司"）掌门人接到了郑州市中级人民法院的终审裁定：其非法吸收公众存款罪名成立，判刑 10 年，并处罚金 40 万元。斯时，繁华落尽的张少鸿在郑州等地监所"生活"已近四年。五年前，正是因为这个"极具市场价值的个人商业运作项目"，张少鸿让两万余人领略了一次"天堂"的风采，又残酷地将他们扔进了现实的"地狱"。2001 年 8 月 9 日是张少鸿最难忘的日子。这一天，潜逃路上的张少鸿在河北邢台折戟——距离郑州警方《通缉令》的发出尚不足 9 天。此前，他曾致信河南省公安厅，幻想扭转乾坤，但终究回天乏术。张少鸿面对的是法律与公理的拷问和 27955 位被害人的注目。从郑州市金水区法院的判决书中，可以看到张少鸿步入"地狱"的故事梗概。

1994 年 7 月，张少鸿的三读公司"在未经中国人民银行批准的情况下"，开始"擅自以'读书押金奖读金'等形式向社会公众吸收存款"。1997 年 1 月 7 日，人民银行河南省分行和河南省工商局曾联合对其进行查处，并课以 310 万元的重罚。不过，张少鸿的"非法吸收存款"之举很快便死灰复燃。在其策划下，该公司向社会吸收存款时又多了"委托理财"项目，并承诺每年给予一定比例的高额利息。截至 1998 年 9 月 10 日，该公司"已向社会不特定对象 27955 人吸收资金约 5.85 亿元"。这些钱几乎全部被张少鸿用于期货、股票等高风险投资。期间，他用公众存款购置的 1530 万股"深发展"股票被套，市值缩水逾半，"崩盘"悲剧最终在三读公司上演。

案发后，警方发现，该资金中尚未兑付的群众计 655543 人次，金额约 4.48 亿元。1530 万股"深发展"股票冻结日市值仅为 2.28 亿元。27955 位受害人 5.85 亿元的存款"收获"是：按集资债权兑额计算比例成为"深发展"的股东，拿回手中的现金仅约 3573 万元，直接经济损失近 2 亿元。2001 年 9 月 6 日，三读公司被河南省工商局吊销。不过，对于这样的一个结局，张少鸿似乎没有勇气面对。一方面，他承认自己应该对三读公司的"读者"负责，并表示"只要他们债权没有兑现，我就不会忘却对他们的最终责任"；另一方面，他又以"十分委屈"的姿态出现，认为自己是一个"蒙冤者"。

2004年1月，郑州市金水区人民法院以非法吸收公众存款罪，一审判处张少鸿有期徒刑10年，并处罚金40万元。判决下达后，张少鸿即提起上诉，要求依法改判。"我将用我毕生的努力，来洗脱因体制转轨时期个别部门滥用法律而强加给我的不实罪名！我将在后半生中，以百倍的奋斗精神，并用多种方式和成效来证明世纪交替时期发生在郑州、发生在张少鸿身上的所谓非法吸收公众存款罪是个滑稽可笑的冤错惨案！"在写给有关部门的信中，44岁的张少鸿展露的仍是一幅"志在千里"的形象。

此番思想缘自何处？在中国的企业英雄传里，张少鸿不乏传奇。1961年1月10日，张少鸿出生在河南省安阳县白壁乡张家庄村。18年后，这位寒门弟子考入河南省金融管理学院。完成学业的他进入中国银行河南省分行工作，彻底跳出了农门。在父老乡亲为其暗自祝福之际，张少鸿又有了惊人之举。1985年，24岁的张少鸿辞职"下海"。两年后的1987年3月，"郑州市金水区读来读去读书社"问世，"个体户"张少鸿现身商界，注册资金10万元；1990年，商号里面的"金水区"三字被张少鸿轻松抹去，注册资金增至100万元，"个体经营"一跃成为"私营企业"；1992年，商号升级为"河南省读来读去读书社有限责任公司"，注册资金增至1000万元；1994年，注册资金又增至2000万元；1994年7月，"河南省读来读去读书社股份有限公司"正式成立，张少鸿任法定代表人……

与此同时，社会各界给予张少鸿的荣耀也纷至沓来：河南省私营企业协会副会长、河南省优秀青年企业家、河南金融管理学院客座教授、河南大学名誉教授、全国青联常委……"创办了一所没有围墙的图书馆"成为人们评价张少鸿时，使用频率最高的一个定语。由于各界的追捧，1995 年，"文化使者"张少鸿当选为第五届"中国十大杰出青年"。斯时，成为三读公司的"读者"对不少郑州人来说，是一件"很快乐"的事：你只需交 820 元、850 元、888 元不等的"押金"，就能得到一张读书卡。凭此卡你可以免费借书一年，而且可以在三读公司旗下的任一分支机构换书阅览。最令人惬意的是，一年期满之后，三读公司支付给你的现金是 1000 元——其回报远高于银行的正常存款利息。

事实上，这也是三读公司"读者"数以万计、张少鸿被推上神坛的一个原因所在。那么，张少鸿是如何维持这桩"赔本生意"的呢？据相关资料显示，张少鸿早在 1993 年 5 月即开始投身郑州商品交易所（下称郑商所），设立席位进行期货交易，并借力郑商所 20 余个席位隐身施展"财技"。此外，张少鸿还参股黄河证券，并在海通、国泰君安、安阳信托证券布阵，先后操盘"深发展"、"金杯汽车"、"川化股份"、"湖北迈亚"等股票谋利——而本钱就是"读者"们的"押金"。显然，这是一场游离于"读者"视线之外的巨赌，"一将功成万骨枯"的喜悲或许就在弹指间。庆幸的是，厄运并未立即降临到张少鸿的头上。

1997~1999 年，郑商所凭借绿豆期货全国期货交易所之优势，郑州亦跃居当时的中国期货市场中心，其"绿豆价格"影响全球。而作为绿豆期货的"庄家"之一，张少鸿曾一度与郑商所共享辉煌。当他携期货主力转战沪深股市时，相当威风，张少鸿集结河南、浙江、海南的期货联军冲进深圳股市，发动了深圳房地产股的回归行情，并创造了"深发展"历史上的最高成交价48元。现在看来，倘若不是绿豆期货终因过度投机而受到了监管层惩处，该品种也因为政策打压而一蹶不振；倘若不是张少鸿的另一个战场——斥资5亿元操盘的"深发展"遭受重创，市值大幅跳水；倘若没有因此引发更多的"倘若"，张少鸿的今天也许将是另一种结局。

张少鸿何以有如此结局？"企业家并非天生伟大和高尚，只有在一系列制度的约束下，才能使得他们在自己利益的驱动下行动，又在客观上肩负对社会的责任"。总结张少鸿的落马，某位知情的河南省政府官员坦言，除了张"法律意识淡薄、决策缺乏理性"之外，"企业融资难、职能部门监管缺位、市场制约机制不健全等制度环境的缺憾也是张少鸿失足的一个重要诱因"。

近年来，此类案件在当地频频发生，国人耳熟能详的就有"三星"、"百花"、"红高粱"等多个故事版本。"他们玩的都是'借鸡生蛋'的财富游戏，国美电器掌门人黄光裕玩的也是这样的游戏，为什么结局迥异？"河南一位从事企业管理咨询的业内人士坚持认为"根源还是在经营者的主观方面"，"黄光裕的'借鸡生蛋'游戏是不断升级的：先借要还本付息的钱——银行的钱；再借还本不付息的钱——厂商的钱；最后借的则是不需还本付息的钱——股民的钱，以发展壮大自己，而'张少鸿们'除了未能'升级'之外，'合法'这个重要的底线也未能坚守"。或许，当年在法律雷区中穿行的张少鸿根本不具备"升级"的条件。一个令人惊诧的诠注是，三读公司的"集资业务"竟然未设会计账目，该公司"高管"张辉、张光华、刘梁红等人要么是刚扔下锄头，要么是下岗职工，文化程度均为初中毕业，张少鸿的"经营管理"水平由此洞见。

颇有"八卦"意味的是，张少鸿获刑前后，一份题为《中国第一批操盘手的真实下场》的名单在网络上广为流传。这份名单所列的29位操盘手，多曾是资本市场中呼风唤雨之人物，张少鸿与唐万新更是高居榜首。其结局有七：8人窘迫；7人逃亡；5人入狱；3人转行；3人赔光；剩下3人的结局分别是禁入、失踪和"胜利"。倘若除却转行的3人不提，"首批"股市的大小"庄家"们似乎都缺乏完美的结局。"对民企财富拥有者，应是有问题则清算，无问题则必加保护，但最重要的是解决产生'问题富豪'的现行体制中的弊垢。"卓达集团董事长杨卓舒在与北大博士后研究员赵晓探讨如何面对企业家"原罪"时，一语中的。

"读来读去"变为"赌来赌去"。1985年，24岁的张少鸿下海，创办读来读去读书社。1992年，张少鸿的"河南省读来读去读书社有限公司"注册资金增至1000万元。1993年，张少鸿投身郑州商品交易所，开始涉足期货交易。1994年，读来读去读书社股份有限公司成立，同时，张少鸿开始凭读书卡、"读书押金奖读金"向公众吸收存款，回报高于同期银行存款利息。1995年，"文化使者"张少鸿当选为第五届"中国十大杰出青年"。1997年9月，张少鸿又以"理财委托"形式，变相吸收公众存款，承诺每年给予15%~20%的高额利息。1997~1999年，张少鸿利用超过 5 亿元的公众存款转战期市、股市，成为有名的操盘手。2001 年，张少鸿的期货交易出现危机，他转战股市后投资的"深发展"又遭深度套牢；9 月，他的公司被河南省工商局吊销。

四、"中科系"神笔策划人——吕梁

吕梁是中国股市上的一大策划者。熟悉他的人说，吕梁只应做运筹帷幄之人，绝不该亲自下海呼风唤雨。

今天看来，吕梁很像在做投行业务，不养猪只做猪的买卖，最多扮点"屠夫"角色，把猪肢解一下，将各个部位卖出不同价钱，这就是投行的行话"资产重组"。但吕梁的问题在于只懂得"给猪注水"的财技，连起码的"屠夫之技"也不懂，他的中科创业系如聚沙之塔，一阵沙暴成丘，又一阵沙暴而平！吕梁至今完全人间蒸发，是死是活无人知晓。有人说他被"干掉"了，也有人说他逃走了。讲起当年吕梁的故事多少带点血腥味，这也源于世纪之交的他在中国股市上掀起的那场血雨腥风，他让多少散户血流成河。

K 先生邂逅朱大户。吕梁曾是一位优秀的证券记者，他先后采访了近百位股民，在数十家财经媒体发表了影响深远的《百万股民"炒"深圳》的长篇纪实报道，一战成名。也就是在那个时候，吕梁和朱大户相识。朱焕良早年在建筑工地上开大型装卸车，没什么文化，与德隆系掌门人唐万新 1992 年的发财方式一

样，后来被称为"朱大户"的朱焕良也是靠认购股权证赚钱。回
北京后，吕梁继续做自由撰稿人，同时投资期货，但运气太差，
2 年下来，不光把自己积攒的 100 万元赔光，还负债 2000 万元。
而朱焕良却成立了深圳英特泰投资咨询公司，从此进入股市中。
凭着独特的选股眼光，成为上海和深圳股市上最早的亿万富翁之
一。1996 年前后，股票坐庄风起，这种生财之道让吕梁和朱大户
都按捺不住。吕梁成立了以他的笔名命名的"K 先生工作室"，
写股评指导股民炒股票。朱大户则开始囤积股票，他看中了来自
深圳的康达尔（股票代号 0048）。康达尔原本是深圳宝安区的养
鸡公司，1994 年 11 月 1 日在深圳上市，香港的活鸡 70%靠它供
应。更巧的是，朱大户跟宝安区的领导相熟，自以为有坐庄的可
能，便在二级市场上悄悄购进康达尔的股票。截至 1997 年，朱
大户居然囤积了 5843 万流通股，占到康达尔流通股的 90%。但
天有不测风云，朱大户的屁股还没把椅子暖热，香港突遭"禽流
感"，康达尔 5 万只鸡一夜之间全部瘟死，香港更是全民戒鸡。
由此，康达尔股价一落千丈，朱大户的 2 亿元深陷泥潭，一筹莫
展。1998 年秋天，朱大户从深圳飞往北京约见 K 先生，做最后
一次挣扎。正是这次"深圳—北京"之旅，拉开了中国股市上惊
天动地的"中科创业"大剧。

　　康达尔土鸡变凤凰。当时的吕梁正研究股神沃伦·巴菲特的
股票"圣经"，琢磨着也建立一只基金，手握康达尔 90%流通股
的朱大户恰巧投怀送抱。吕梁认为，康达尔虽然是一只"瘟鸡"，
但流通盘小，收购成本低，翻炒起来很容易。1998 年 12 月 13
日，吕梁跟朱大户签了一个为期 5 年的战略合作协议：吕梁负责

组织资金接下朱大户手中 50％的康达尔流通股，而朱大户必须配合长期锁仓，还必须帮忙安排购入康达尔部分国有股，最终实现对康达尔公司的控制和重组，将康达尔打造成"金融加高科技"的投资控股公司。朱大户当即承诺日后无论股价如何上涨，他都将以 13 元的协议价向吕梁转让手中的股票。就这样，套牢 2 亿元的朱大户和负债 2000 万元的吕梁正式联手，为中国股市上演了一出前所未有的双簧。1999 年 1 月 20 日，朱大户通过中煤信托深圳证券营业部，将 277.9 万股流通股票以转托管的方式打到了中兴信托北京亚运村证券营业部吕梁的账户上。有了这 277.9 万股康达尔流通股，吕梁必须在 3 个月的建仓期间融 4 亿元的资金，否则无法接管朱大户手中 50％流通股。负债的吕梁当然只能外出"忽悠"资金。吕梁第一个找到董沛霖，后者是上海华亚实业发展公司的法人代表，下海前曾在国家计委任职，在金融和实业圈内有很深的人脉，对吕梁的股市理论十分痴迷。1999 年 1 月，董沛霖通过中煤信托哈尔滨证券营业部用吕梁手中 50 万股康达尔股票质押得到 1000 万元贷款。有了这 1000 万元和剩余的 227.9 万股康达尔流通股，吕梁后面的融资计划交给了丁福根，后者堪称股市天才，且与吕梁交往颇深。他马不停蹄地飞上海、下深圳，与各地相熟或不相熟的证券营业部洽谈委托理财业务，一切格外顺利。丁福根一融到资金，吕梁就立刻收购朱大户手中的股票，然后再把买进的股票拿给丁福根做质押，然后再融资。如此循环往复。

1999 年的 3 月前后，丁福根通过投资理财、合作协议、抵押贷款等各种形式，与各色人等共签下 100 多份协议，融进 3.98 亿元资金。吕梁用这些钱，先后从朱大户手中买下 1300 万股，并转托管了 1700 万股，完成了控盘 3000 万股即 50% 的既定建仓目标。为了规避个人持股达到 5% 就要举牌公告的法规，丁福根先后动用了 1500 个个人账户，这些账户八成以上是由各地证券营业部以每张股东卡 190 元的价格卖给他的。此时，眼见坐庄时机成熟，吕梁开始展现他超级股评家的风采。在发行量颇大的《证券市场周刊》上，连发 4 篇《关于世纪末中国资本市场的对话》文章。这是一组"高屋建瓴"、很有理论深度的股市分析文章，在绝大多数经济人士普遍不看好中国资本市场的氛围中，吕梁用他充满了思辨气质的语言为股市唱多，引起巨大轰动。1999 年 5 月 8 日，吕梁的第四篇对话文章发表后，中国遭遇驻南使馆被炸，股市曾一度震荡，但随后的 5 月 19 日，沪深两市在毫无预兆的情形下发生井喷。"5.19 行情"吕梁"中国第一股评家"的声誉也达到顶峰。在飙升行情的掩护下，吕梁拉抬康达尔股价的行动变得肆无忌惮，股价一路上扬，从 20 元涨到 36 元，截至 1999 年 7 月，已跃至 40 元。1999 年 8 月，吕梁在《中国证券报》上组织了一个整版文章，全面介绍"重获新生的康达尔"。文章宣称，康达尔已完成了重大重组，将涉足优质农业、生物医药、网络信息设备、网络电信服务、高技术产业投资等多个新兴产业领域，通过项目投资、股权投资等多种投资方式，以及其他资本运营手段，逐渐发展成为一家具有一定产业基础的投资控股公司。总之，康达尔具有广阔的发展前景。

截至 1999 年底，康达尔在深市涨幅最大的前 20 名股票中名列第 17 位，全年累积涨幅 111%，养鸡股摇身一变，全然一个高科技大牛股。就在吕梁为康达尔股摇旗呐喊的同时，收购康达尔国有股的计划也在同时进行。在流通股掌控人朱大户的牵引下，康达尔第一大股东深圳龙岗区投资管理有限公司分别于 1999 年 4 月 30 日和 5 月 5 日将其持有的部分国有股份转让给吕梁。为了避开《公司法》中"法人股转配不能超过 30%"的规则，吕梁将一家拆为三家受让，这就是第二大股东海南燕园投资管理有限公司、第三大股东海南沃和生物技术有限公司、第四大股东民乐燕园投资管理有限公司，三家公司所占股份分别为 22.5%、10.38% 和 1.73%，累积达 34.61%，加上其他可控制的表决法人股，即朱大户手中的 2.53%，吕梁实际以 37.14% 的股份超过第一大股东深圳龙岗投资管理有限公司 36.16% 的股份，成为实际上的控股方。他安排的人手也终于在康达尔董事会的 11 个席位中占据 7 席。为此，吕梁花了 7 亿元。当然，这笔钱也来自股票质押贷款。

"中科系"复制康达尔。1999 年 7 月，趁股价跃至 40 元时，吕梁及时套现，以 3000 万元注册北京中科创业发展股份有限公司。吕梁本人并没有直接担任任何职务，聘用的董事长是时任国家科技部高科技发展研究中心的一位官员，吕梁要靠这个关系吹嘘北京中科创业的科技部背景。吕梁既有康达尔又有北京中科创业，很快在市场上兴风作浪。1999 年 8 月，北京中科协议受让上海华谊（集团）总公司所持的中西药业（600842）国家股中的 2875 万股（占总股本的 20%）；与此同时，北京中科的大股东之一海南中网从上海华谊受让中西药业国家股 719 万股（占总股本的 5%）。1999 年 12 月 8 日，康达尔公司经深圳市工商局核准，正式将名称变更为深圳市中科创业（集团）股份有限公司，简称

"中科创业"。2000 年 3 月，吕梁利用结盟公司海南禾华公司成功切入中西药业，持法人股 1256.1343 万股，成为中西药业第四大股东，后又通过北京中科、海南中网以及海南禾华拿到中西药业的股份，使实际股权占到 30% 以上，超过国有大股东的 26.41%，4 个月后又完全控制中西药业，中科系再添一子。

2000 年 4 月，中科系又分出上海中科创业，注册资本 1 亿元，由申杲华领军。两个月后，上海中科宣布以每股 2.8 元的价格，从淄博宏信资产经营集团受让鲁银投资（600784）法人股956.8125 万股，占比 4.66%，成为鲁银投资持的第四大股东。同月，上海中科又以 7200 万元买入君安证券公司所持的胜利股份（000407）900 万股转配股，占比 3.76%，成为胜利股份的第四大股东。2000 年 6 月，中科系新子中西药业也"领兵开战"，以每股约 22.35 元的价格买入 357.5822 万股岁宝热电，占比 2.62%，成为第四大股东。仅仅 4 个月，吕梁频频出手，赫然构筑了一个庞大的"中科系"，吕梁集股评、并购、坐庄三大技法于一身，成为中国股票市场上三位一体的"超级庄家"，点石成金的传奇大师。据丁福根后来在法庭回忆："送钱的人排成长队，以致1000 万元以下的投资者被拒之门外。"半年时间，吕梁与丁福根先后与国内 20 多个省市的 120 家证券营业部建立了融资关系，后者为了抢夺让人眼馋的交易量和中介代理费用，为中科创业四处找钱，融资额超过了惊人的 54 亿元。

当股权到手、资金到位、共犯结构形成之后，吕梁和丁福根便开始他们的庄家运作。其手法与康达尔时期几乎如出一辙：不断发布资产重组的利好消息，大规模地对倒推高股价。中科系形成之后，吕梁还能资源互动，元素共享。2000 年 7 月，他刚刚得手中西药业便急匆匆宣布：中科创业与中西药业等公司成立全资公司，着手先进癌症治疗仪器中子后装治疗机（简称中子刀）的生产与销售，其后又宣布两家公司将共建"中国电子商务联合网"，组成 18 家不同所有制企业的大联合，创建一个跨区域、跨国界的大型网络平台，修建一座"极具创新意识的超级电子商务大厦"，组建"中国饲料业电子商务投资有限公司"，将在西北地区投入巨额资金用于具有防止流沙和药物开发双重效益的苜蓿项目的开发。具有讽刺意味的是，上述言之凿凿的金色工程，除苜蓿项目曾投入 100 万元之外，其余均是画饼。

老鼠内讧招斩杀。2000 年 2 月 21 日，中科创业股价一度涨到 84 元，吕梁持有的中科创业股票市值翻了一番，净值增加 10 亿元，但成为大师之后，吕梁看到亿安科技、清华同方的股票涨到 100 元，也急于把中科创业拉到百元价位。为此，他没有套现，而是继续用股票做质押，买进莱钢股份（600102）、马钢股份（600808）、岁宝热电，从而将这些股票拉升，提高市值卖掉挣钱之后，再通过倒仓、对敲进一步炒作中科创业。吕梁还在股市里冲锋陷阵，但手下已经经不起巨额财富的诱惑，开始内讧，而率先起讧的竟是角色最轻但获益最大的朱大户。两年时间里，朱大户无须从事任何操作，只需"死抱住"自己名下的股票不放。朱大户抱了两年，但他与吕梁的约定是 5 年。两年以来，他的股票市值已经从亏损 2 亿元翻身陡增到获利 10 多亿元，每天抱着这么一大笔账面财富不得动弹，也是一种煎熬。更重要的是，作为内幕人士，他知道中科创业剑走偏锋，早晚出事，吕梁主要合伙人董沛霖因银行诈骗案被拘，更让朱大户坐卧不安。

2000 年 5 月，鏖战正酣的吕梁接到丁福根的线报，市场上出现一个不明抛家，每天都在 1500 万元左右。而据丁福根判断，此人非朱大户莫属。吕梁打电话给朱焕良，但朱焕良推托称另有其人，要吕梁填平。吕梁前后填进 5 亿元，仍未填平，始知中计。3 个月后，吕梁又接到线报，朱大户已租快艇把数十箱现金偷运出国。朱大户只是中科系的叛将之一。中科创业股票 20 多个月连续上涨，公司内部不少人都把股票拿去质押，偷偷建仓。吕梁初期对此睁一只眼、闭一只眼，到后来朱大户案发，他想下令清查时，才发现从"左臂右膀"的申呆华，到普通员工都有私仓，都在恍然出货。意识到问题后的股民也纷纷割肉，建在一片谎言之上的中科神话轰然倒塌。从 2000 年 12 月 25 日开始，高傲了将近两年的中科创业连续 9 个跌停，50 亿元市值烟消云散。中科创业的崩塌迅速波及"中科系"的其他成员，中西药业、岁宝热电等均上演跳水惨剧，股价数日之内腰斩。2001 年 1 月 5 日，深圳中科召开紧急会议，宣布"彻底与吕梁决裂"。2001 年 2 月，吕梁突然神秘失踪。深圳中科创业也申请改回旧姓康达尔，股票也做了相应变更。康达尔甩掉了中科，股票却戴了 ST 的帽子，一戴就是 7 年。吕梁彻底消失了，但他留给中国股市的一堑永远不会消失。

参考文献

［1］波浪理论，百度百科。

［2］邓海韬：《志成资本》，律师金融网。

［3］罗伯特·雷亚：《道氏理论》，地震出版社 2008。

［4］上海交易所：《上证统计月报》。

［5］深圳交易所：《统计月报》。

［6］《南方周末》，2013-4-21。

［7］中国保险监督管理委员会：《2015 年保险统计报告》。

［8］中国保险监督管理委员会：《2015 年中国保险市场年报（中文）》。

［9］中国保险监督管理委员会：《2016 年 1 月保险统计数据报告》。

［10］中国证券登记结算有限责任公司：《2014 年统计年报》。

［11］中国证券登记结算有限责任公司：《统计月报》。

［12］中国证券基金业协会：《公募基金市场数据》。

［13］中国证券基金业协会：《私募登记备案月报第 13 期》。

［14］中国证券监督委员会：《投资者风险提示与防范》。

［15］中国证券业协会：《2015 年三季度证券公司经营数据》。